子育てを楽しもう

廣澤 元彦

題字・さしえ　黒田征太郎

この本は、パラパラ漫画が楽しめるようになっていて、左頁下、右頁の絵が
動いているように見えます。持ち替えて、パラパラとお楽しみください。
（パラパラ漫画：刈谷舞花）

はじめに

　この本の原稿は、「北九州市立 子どもの館」で「個別子育て相談室」を担当するようになった 2011 年 6 月以来、子どもの館の機関紙「ほっぷ・すてっぷ・キッズ」に毎月掲載されたものです。本書は、新型コロナウイルスの流行が始まる前の 2019 年 7 月までの 9 年間 100 回分の文章をまとめたものです。

　直前の 3 月 11 日には東日本大震災とそれにともなって東電福島第一原発の大事故が発生し、子ども達の健康が心配されました。

　文章によっては若干現状に合わない内容があるかもしれません。しかし、その時々の気持ちで書いていますから、ほとんど変更しないでおきました。

　「子育て」は「親育ち」でもあります。子育てをしながら子どもと一緒に成長する気持ちでこの本を読んで、子育てについて考えてみてください。

　縁あって知り合いになった黒田征太郎さんにイラストお願いしたところ快諾！　楽しい作品を描いていただきました。感謝です。

　ページ左右の隅にあるパラパラ漫画も黒田さんのイラストとともに楽しんでください。

子育てを楽しもう／目次

科学的な子育てのすすめ！
― 子どもをよく見る

　子育ては大変といいますが、確かに大変でしょう。しかし、子どもは未来です。そして希望です。それを考えれば少々の大変さは吹き飛ばしましょう。そこで、この便りでは未来志向の子育て情報を発信していきます。

　未来志向の子育てとは何でしょうか？　それは、いま目の前にいる子どもをよく見ると同時に、3年後、5年後、10年後の子どもの姿をイメージした育児法です。親も子どもと一緒に成長していこうという発想です。

　また最近では、「しつけ」に伴うマル・トリートメント（mal treatment：不適切な子育て）が子どもの脳に重大な影響を及ぼすことが明らかになりつつあります。

　科学的子育てとは、子どもの成長、発達にそった子育てです。

　そのためには子どもをよく観察することが大切です。

　我が子はどんな子かな？

　どんな子になるのかな？

　さあ始めよう、楽しくレッツ子育て！

お母さん力（りき）
― ふれる、さわる、でつながりを深く

　アタッチメントという言葉があります。「愛着―情緒的な結びつき」と説明されています。

　お母さんが子どもの世話をし、子どもがそれに応えることで、子どもとお母さんの心のつながりが深くなるということです。これを母子相互作用と言っています。

　アタッチメントとタッチ（さわる―ふれる）とは直接関係はないのですが、意味には何か共通のものがあるようです。お母さんが子どもをさわる、子どもがお母さんにふれることでアタッチメントが成り立ちます。これは父親にはないお母さんの力です。

　"お母さん力"は乳幼児期だけではなく、小学生になっても十分にその力を発揮します。何事につけ、子どもをさわることが大切です。

お母さん脳とお父さん脳

　プロラクチンという性ホルモンがあります。男性にも女性にもあるホルモンですが、その量は女性の方が多いのです。これらのホルモンは母親の乳腺を刺激して、母乳を多く出すように働いています。

　プロラクチンは母親の脳にも作用して母性行動、つまり子育てをうながします。この母性行動は、母親が子どもと一緒にいることによって強化され、持続するといわれています。

　ある種のサルにおける観察によると、雄ザルも子ザルと一緒にいることで雌ザルの母性行動に似た行動をとるようになるということです。これはプロラクチンの雄ザルの脳への働きかけの結果と考えられています。

　この結果を直ちに人間に当てはめることはできないかも知れません。しかし父親が赤ちゃんの時期から子どもと一緒の時間を多く持つことで、父親の行動の変化（子育てへの参加）が期待できるかも知れません。

子育ては良い加減でいこう
── 適度に優しく、適度に突き放す

　子どもを育てるということは、一方向的な行為ではありません。子どもがいて親がいて、その相互の関係の中で育まれる行為です。つまり親は子ども、子どもは親との距離を測りながら、お互いの関係を確認し合うのです。それはある意味、真剣勝負です。

　みなさんはNHKテレビの「ダーウィンが来た」を見たことがありますか？　そこに登場する多くの鳥や動物たちの親子関係に注目して下さい。親と子、とくに母子関係は絶妙です。

　適切に世話をやく優しさ、しかし適当に突き放す厳しさ、このバランスが重要なのです。どうでも "いい加減" ではなく、ちょうど "良い加減" が子育てには必要なのです。完璧を求めない、そんな関係の中で親も子も育ち合うのです。

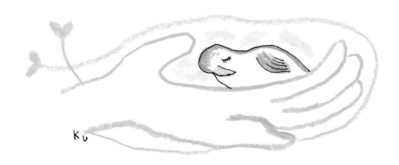

わが子をほめよう
── ほめることでやる気につなげる

　子どもはさまざまな能力を持って生まれてきます。記憶や計算能力のほかにも、創造性、判断力、共感性、運動能力などです。

　しかし、学校教育の中で小学校以降、高学年になるにつれ、記憶や計算能力だけが強調され、親もそれに取り込まれていきます。

　親はわが子の将来にいろいろと期待しているので、ついついほめるよりも「それでは駄目でしょう」とか「もっとがんばろうね」というような言葉がけになりがちです。

　子どもは親からほめられ、認められることで自信がつきます。親は、子どもの持っている本来の能力を見極めてほめることが、子どもの「やる気」（モチベーション）につながることになるので、大いにほめたいものです。

　ここでも「お母さん力」が試されるのです。

子どもとゲーム
― だめ、やめ、の指示は子どもの意欲をそぐ

　子ども達はゲームが本当に好きです。リズムがあって、スリルがあって、それにドラマがあって面白いからです。面白いということは、脳が刺激されるということです。問題はその刺激が脳の創造性を高める刺激かどうかです。

　多くの親は、ゲームについてはついついネガテイブな指示をしがちです。「今はだめ、宿題が済んでからね」「もうやめなさい、いつまでしているの！」などです。ネガテイブな指示は子どもの意欲をそぐだけです。

　ところで、この夏休みに７人の孫たちをつれてオーストラリアに行った人の話です。孫たちはゲーム機を持って行かない申し合わせをし、代わりに折り紙をたくさん持って行きました。現地の子ども達と交流するためです。結果は大成功でした。折り紙を使っていろいろな作品を作るのに夢中になって、ゲームのことなどすっかり忘れていたとのことです。

　この話の教訓は、「だめだ」と言うより代わりのものを提案する知恵の大切さです。

子どもとしつけ
― 容易に守れる約束をつくって、ほめる

　「しつけ」は、約束や決まりを守る訓練あるいは練習をすることです。しつけには家庭でのしつけと、社会または集団でのしつけがあります。社会的なしつけは、幼稚園や学校などである意味強制的に行われるものです。

　社会的なしつけはとりあえず幼稚園や学校にまかせることにして、ここでは家庭でのしつけについて考えてみましょう。

　家庭も小さな社会ですが、集団でのしつけを家庭内に持ち込むことはありません。家庭でのしつけは強制的なものではなく、もっとゆるやかな約束や規則でいいのです。だから約束や規則が守れないからといって直ちに叱ることもないのです。あいさつやかたづけなど、親としては容易に子どもが守れる範囲の約束をするなり、規則を作れば良いのです。そして、約束や規則が守れたときにはほめてやることです。家庭でのしつけは、叱るためではなくほめるためにあるべきです。

子どもとあそび
― 人は遊ぶ存在である

遊びをせんとや生れけむ　戯れせんとや生れけん
遊ぶ子供の声きけば　我が身さえこそ動がるれ

　この歌は900年ぐらい前の平安末期に後白河法皇が編んだ「梁塵秘抄」という歌謡集にあるものです。非常に有名な歌なのでご存知の方も多いと思います。

　解釈はいろいろあるようですが、子どもが遊び、戯れるさまに感動して自分もついつい身体が動いてしまう、というような意味だとする解釈が一般的です。無心に遊び、戯れる子どもに心を動かされない人はいないでしょう。

　オランダの歴史家ホイジンガという人が、『ホモ・ルーデンス』という本を書いています。ホモ・ルーデンスとは「遊びの人」というほどの意味で、「人は遊ぶ存在である」と主張したことで有名です。子どもの遊びもしだいにルールのあるゲーム的な性格をおびるようになり、大人社会でのあらゆる活動へとつながっていきます。

　たかが子どもの遊びと侮るなかれです。親も子どもの遊んでいる姿から「遊びごころ」を学び、子育てのストレス解消に役立ててはいかがでしょうか。

🌱 「子どもの目線」で向き合う

　"上から目線""市民の目線"など、「目線」という言葉が流行って<ruby>はや<rt></rt></ruby>います。

　目線とは人や物を見る位置、あるいは立場とでも言えばいいのかもしれません。生理的には視力と視野が問題になります。子どもの視力は1歳以後急速に発達し3歳で半分以上の子が、そして6歳までにはほとんどの子が成人並みの視力になります。

　しかし視野（見える範囲）については、7、8歳の子どもでも上下70度、左右90度の範囲しか見えていません。大人の上下120度、左右150度と比べると、子どもの見える範囲は大人の6割程度に過ぎません。子どもが何かに夢中になっている時にはさらにその範囲は狭くなります。

　子どもの身長を考えると、子どもの見える範囲は大人が想像する以上に狭いことがわかります。道を歩く時や公園などで遊ぶ時などの声かけの際には、こんな知識を事故防止に役立てましょう。

　子どもの目線で子どもと向き合うには、まず背丈に合わせ腰を低くした位置で子どもの視野に入ることが必要です。そしてほめる時もしかる時も、顔を合わせ眼を見ることが効果的です。

　とにかく始めてみましょう！　子どもの目線で！

子どもの能力と多様性
── 子どもの能力を見つけ、伸ばす

　一卵性双生児を除けば一人として同じ子はいません。一人一人みな違っており、違った体質や能力を持っています。これを"子どもの多様性"と言っても良いでしょう。親としては単純にわが子を他の子と比較することには慎重でありたいものです。

　世間では、子どもを足が速いなどの体力や物覚えが良いなどの知的な能力だけで評価する傾向があります。もちろんそれらも子どもの能力の一つです。しかし、子ども達はもっと多くの能力を持っています。

　アーノルド・スクロームという人は、子どもの持つ学力を含めた"７つの能力"について述べ、子どもの能力の評価は、学力以外に、創造性・巧緻性（巧みさ）・共感性・判断力・モチベーション（行動力）・パーソナリティ（個性）などの多様な物差しでする必要があると言っています。

　子ども達はこんなに多様な能力を持っている可能性があるのです。親の役割は子どもが持っている能力を見つけ、それを伸ばしてやることです。全ての能力を持っている子はいません。ない物ねだりは何の役にも立ちません。

　プラス評価でハッピーになりましょう！

【註】"７つの能力" ＝ Academic ＩＱ（学力）、Creativity ＩＱ（創造性）、Dexterity ＩＱ（巧緻性）、Motivation ＩＱ（モチベーション）、Judgement ＩＱ（判断力）、Empathy ＩＱ（共感性）、Personality ＩＱ（パーソナリティー）

ことばの発達
　　　── ことばの意味をどれだけ理解しているか

　ことば（話し言葉）についての心配事は相談の中でも多いものの一つです。その理由は、ことばの早い遅いが他の子と比較する対象になりやすいからでしょう。

　ことばの発達は、第一に聞くちから（聴力）や話すちから（構音機能・運動機能）、第二に親など周囲の人とコミュニケーションをとるちから、第三に知るちから（認知機能）などの発達と密接に関係していると言われています。

　これら三つの能力は乳児から幼児になるにしたがって急速に発達します。

　第一の聴力（難聴のチェック）を除けば、生活習慣を含む育児環境が非常に重要だということです。

　それは、日常生活の中での子どもへの声かけや相づち、遊び相手になる、音の出るおもちゃを与える、絵本を読んでやるなどです。父親の出番も必要です。

　ことばの発達は早い遅いや、どんなことばをしゃべるかよりも、子どもがことばの意味をどれだけ理解（認知）しているかが決めてです。

予防接種
― 良く考えて受けよう

　予防接種については、受けた方がいいか受けなくてもいいか、または受けない方がいいかなど議論のあるところです。

　まず、予防接種の役割と種類についてみてみましょう。予防接種は、病原体（細菌やウィルス）の病原性を弱くしたもの（抗原＝生ワクチン）または病原性を無くしたもの（抗原＝不活化ワクチン）を注射や口から直接体内に入れて病気への抵抗力（抗体＝免疫）を作ろうとするものです。

　ではなぜ議論があるかというと、いずれの場合も強制的に異物（ワクチン）を体内に入れることになるからです。そのことの善し悪しと、そのために起こりうる害（副反応）をどの程度受け入れることができるかという議論です。ワクチン接種によって病気に対する抵抗力を得ることの利益（メリット）と副反応という不利益（デメリット）を天秤にかけて判断しなければならないところが親の悩みとなるわけです。そこが受けるなら「良く考えて受けよう」という意味なのです。

　情報はたくさんあります。かかりつけ小児科医にもよく相談してください。また、インターネットで「国立感染症研究所の感染症情報センター」にもアクセスし、調べてみるのもいいでしょう。

【註】新型コロナワクチンの多くは、遺伝子操作によって作られたものであり、従来のワクチンと全く製法が異なっています。従って副反応や長期の副作用には特段の注意が必要です。

子どもの食物アレルギー
　　　― 気楽につき合っていこう

　相談の中には病気に関するものがかなりあります。とりわけ多いのがアレルギーについてです。そこで今回は主に皮膚に症状が出る乳幼児の食物アレルギーについて考えてみましょう。

　食物アレルギーは食べ物が原因で起こる病気ですが、皮膚の症状が出ない場合もあります。また食物アレルギーの子にもアトピー性皮膚炎が一緒に出ることがよくあります。食物では鶏卵、乳製品（牛乳）そして小麦製品（パン）などがアレルギーの原因（抗原＝アレルゲン）となりやすいもので、これらを3大アレルゲンと言っています。

　食物アレルギーの診断はなかなか難しいのですが、親の思い込みや安易な診断によって食べ物の制限が行われていることがままあります。診断はともかく、食べて間もなく皮膚症状が出た場合のみ、その食べ物を多少制限する程度でいいでしょう。大切なことは皮膚を清潔にすること、皮膚を保護（かゆみを防ぐ＝ステロイド軟膏使用も可）することです。これをスキンケアと言います。

　いずれにしても、小学校に入るまでに8－9割の子は皮膚の症状などのアレルギーが出なくなります。極端な対応は避けて気楽に、気長につき合うことが必要です。

夜泣きと人見知り
― 子どもの心の安静に努める

　親、特に母親を困らせる子どもの行動には夜泣きや人見知りがあります。

　夜泣きは、夜間睡眠時に突然泣き出すことを言います。お腹がすいたとか尿や便が出たとか、泣く原因がはっきりしないので、親はおろおろするばかりで手の打ちようがありません。原因はよく分かりませんが、睡眠時に起こるので睡眠機能の発達と関係があるようです。乳児期の夜泣きは、睡眠のパターンがまだ充分に決まっていない時期に起こります。幼児期になると起きている時間と睡眠の時間がはっきりしてきます。昼間の活動も多くなり、その中での出来事が夜泣きに関係することもあります。

　人見知りは個人差がありますが、お座りができるようになる生後7ヶ月前後から3歳頃までによく見られます。子どもの好き嫌いや恐れの感情が発達してきた証拠ですから心配はありません。

　夜泣きも人見知りも子どもの成長発達にともなって起こる正常な行動で、また人生のほんの一時期のことです。しだいに、またある日突然に起こらなくなるものです。特に夜泣きの対応については実に多くの経験が語られていますが、医学的にこれが正しいという方法はありません。言えることは、根気よく子どもの心の安静に努めることです。それには、子どもの対応に疲れた母親の身体と心の安静をサポートする父親やママ友の存在が重要です。

落ち着きがない子の心配
── 叱りすぎると逆効果に

　落ち着きがない、という相談は比較的多い相談の一つです。子どもが歩き出すまでの対応は多少困ったことがあっても何とかなるものです。ところが歩くようになると子どもの行動範囲が急速に広がり、親や周囲が戸惑う事態が次々と起こってきます。

　特に1歳6ヶ月前後からは自意識が芽生え、何でもかんでも自分流に行動しようとするようになります。その上言葉は通じないし、思春期とともに最もコミュニケーションの取りにくい時期です。

　3才以後になると元気で活発な子は、いわゆる落ち着きのない多動な子と見られがちです。親とくに母親にとっては理解のできる範囲の行動であっても、行動異常ではないかと心配になることもあるでしょう。

　そのような子のほとんどは、周囲のいろんな出来事や物に興味がありすぎてじっとしておれないのです。しかし周囲へのアンテナ（注意）は健全に機能しています。小学2年生頃までには落ち着いてきますので叱ったりしないことが重要です。

　落ち着きのない多動な子の中には、周囲へのアンテナ（注意）が十分に機能せず、行動も衝動的で理解しがたい場合があります。注意欠陥・多動性障害（ADHD）と言っています。病気として対処するかどうかは別にしても、専門家の判断が必要です。そして周囲の理解と適切な対人関係についての早期の訓練が有効です。

きょうだいは仲良くしてほしい

　「きょうだい」について考えてみましょう。「きょうだい」といっても2人と3人以上とでは大きな違いがあるというのが私の持論です。2人だと何かにつけて「きょうだい」同士を比較することになりますが、3人ではそうはいきません。比較するにしてもその対象が複数になるところに意味があります。比較することが良くないというわけではないのですが、問題は他の子との〝違い〟を見るのではなく子どもの〝良し悪し〟の比較になるからです。それぞれの子の〝違い〟を見るということは、それぞれの子の特徴を知ることにつながります。

　大切なことは「きょうだい」一人一人の特質を理解して、それを認め尊重してやることです。ほめるにしても、比較の結果としてほめるのではなくその子自身をほめることです。とは言っても子ども達は、他の子と比較してほめられることを望んでいます。それは競争心があるからです。

　親としてはこのあたりのころ合いを良く観察しながら、「きょうだい」と付き合うことが必要です。中でも母親と違った見方のできる父親の役割は重要です。

　家庭に「きょうだい」がいる最大のメリットは、家庭の中に疑似社会が形成されることです。〝きょうだいげんか〟もまた良しです。

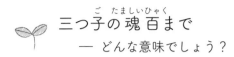

三つ子の魂百まで
― どんな意味でしょう？

　おじいちゃんやおばあちゃん、あるいは他の親から「三つ子の魂百まで」と言われたことはありませんか。「今のうちにしっかりとしつけをしておかなくては…」と、小さい頃からのしつけの必要性を語る時に使われます。

　もともとは「幼い頃の気質（生まれつきのもの）や性格（気質による行動）は年をとってもあまり変わらないものだ」という意味で使います。

　では、なぜ「三つ子の魂」なのでしょうか。子どもは3才頃までには、その子の気質や性格が明らかになるからです。気質は変えようがありませんが、性格はその後の環境やその人の努力によって変わる可能性があります。しかし3才頃までは、どんなに厳しいしつけによっても子どもを「良い」性格にすることは困難です。

　しつけは、納得ではなく強制です。しつけの対極にあるのが、ほめることです。ほめるには納得も強制も必要ありません。その子の性格を冷静に観察して、「良い」性格をほめることです。

　ほめることで子どもを「良い」性格に導くことは可能です。その効果は大人になってからも、さらに老後までも続くでしょう。

子どもの共感力・想像力を育てよう
― 相手の気持ちを思いやる

　"共感力""想像力"とは何でしょう。相手の気持ちや立場になって相手のことを思い考えることができる力、それが共感力であり想像力です。これらは自然に身につくものではありません。共感力は、生まれて間もなくは親子関係の中で、そして次第にきょうだい・家族、さらに幼稚園・学校という子ども社会の中で育てられます。人間関係だけではなく、動物（ペット）や植物（草花）、絵本やオモチャと接することでも育てられます。

　特に重要なのは、母親による子どもへの声かけと相づち、そして接触（タッチ）です。"きれいね！""そうそう、いいね！"などと言いながら、子どもにタッチする。そうすることによって、視る・聴く（視聴覚）や触る（触覚）感覚が強化されるのです。また、子どもの行動と気持ちに親が「ほめる」ことで共感することも大いに効果があります。

　共感力は成長とともに想像力につながっていきます。しかし、それには乳幼児期に具体的な物や出来事への共感力が育っている必要があります。そして人の気持ちや立場を想像することができるようになるのです。とくに「弱いもの」へ向けられる想像力の養成は、成長のための要件です。

　わが子を、人や「もの」に共感し、人のことを思いやる想像力のある子に育てましょう。

ＲＳウィルス感染症に注意！
― 手洗い、うがい、アルコール消毒で予防を

　朝晩の気温の変化が激しくなると、風邪にかかりやすくなります。昨年もそうでしたが、今年は昨年より早くから乳幼児に特有な「かぜ」（ＲＳウィルス感染）が猛威を振るっています。今年はＲＳウィルス感染症の当たり年のようです。

　ＲＳウィルスには２歳までにほぼ100％の子が感染してしまうのですが、特に６ヶ月以下の乳幼児が感染すると気管支炎や肺炎、中でも呼吸困難を伴う細気管支炎や間質性肺炎になるなど重症化するので注意が必要です。重症化するのはほとんどが１歳以下の子ども達です。症状は、はじめは普通のかぜと同様に熱や咳、鼻水のみですが、そのうち喘息のような喘鳴が始まり呼吸が苦しくなるのが特徴です。

　感染は、飛沫感染（咳などによる空気感染）と接触感染（手で触ったおもちゃなどによる）で起こります。人ごみへ出かける際は注意しましょう。感染予防対策は、先ず流水による手洗い、そしておもちゃなど子どもが触れるもののアルコール消毒（アルコールティッシュなどで拭く）です。

　近所で流行している場合、症状が出たらできるだけ早く小児科を受診して下さい。早期診断・早期治療で、重症になることを防ぐことができます。

みんなちがって、みんないい

　　私が両手をひろげても、お空はちっとも飛べないが
　　飛べる小鳥は私のやうに、地面を速くは走れない。
　　私がからだをゆすっても、きれいな音は出ないけど、
　　あの鳴る鈴は私のやうに　たくさんな唄は知らないよ。
　　鈴と、小鳥と、それから私、みんなちがって、みんないい。

　これは金子みすゞの「私と小鳥と鈴と」という詩です。私（人）と小鳥（動物）と鈴（物）について言っているのですが、金子みすゞは人間同士についても同様だと言いたかったのではないでしょうか。

　子どもについては個性がまだ目立たないので皆んな同じに見てしまいがちです。しかし子どもも良く観察すると、身体の大きさばかりでなく持って生まれた素質や行動様式も一人一人違っていることがわかります。

　大人も子どもも一緒ですが、その人（子）の他の人と同じところを比較するのではなく、それぞれの違いを認め尊重することが重要なのです。

　つまり"みんなちがって、みんないい"ということです。

🌱 ダーウィンが来た！

　みなさんは、ＮＨＫ総合 TV で毎週日曜午後 7 時 30 分より放映されている「ダーウィンが来た！」という番組をご覧になったことがあるでしょうか。ところで、言うまでもなくダーウィンは、『種の起源』の著書で有名な地質学者であり生物学者です。

　この番組は今までに 300 回近くも続いている超人気番組です。登場する動物は哺乳類を始め魚類や鳥類たちです。毎回かれらの個体や集団としての生態が素晴らしい映像で克明に紹介されます。

　番組では、荒々しい外敵や厳しい自然との命をかけた戦いがあると思えば、ほほえましいオスとメスのやり取りや親子関係が根気よくていねいに映像化されています。

　私にとって特に興味深いのは、彼らの子育てと親子関係です。動物界での生殖と子育ては、まさに「種の保存」を懸けた壮大なドラマです。"強い"ものだけが、そして自然界に適応したものだけが生き残り、自分たちの「種」を残していけるのです。"強い"といっても力だけではありません。生き延びる知恵を含めた"強さ"と"運"が必要です。

　ぜひ番組を子ども達と一緒に観て下さい！　解説は一切必要ありません。

きゃっかしょうこ
脚下照顧
—— 履物を揃えることから始めよう

　「脚下照顧」、あるいは「照顧脚下」という言葉（四字熟語）を聞いたり見たりしたことのある若い人は少ないと思います。しかし禅宗のお寺の玄関先には必ずこの文字を書いたお札があるはずです。これは鎌倉時代中期（文永の役：蒙古襲来）の頃に生まれた臨済宗の僧侶であった孤峰覚明（こほうかくみょう）の言葉と言われています。

　「脚下」は足下・本来の自分、「照顧」は反省する・よく見るという意味です。つまり本来の自分自身を見失うことなく、自分をよく見つめなさいという教えです。これが転じて〝脱いだ履物を揃えましょう〟という意味になりました。公共の場だけではなく自宅の玄関先の脱いだ履物がきれいに揃えられているのを見ると、すがすがしい気持ちになりませんか。

　２、３歳の子どもでも、履き散らかしたままよりも揃えられた様子の方がきれいだということは分かります。〝こうするときれいだね〟と言って〝履物を揃える〟ことを親子でやってみませんか。しつけ（強制）としてするのではなく、子どもの共感力を育てるのに効果があるはずです。

　もう一つの効果は、自分のだけでなくみんなの履物も揃えないときれいには見えません。自分のためだけではなく、他人のために何かをすることの意義を学ぶチャンスにもなります。一石二鳥の効果を期待して、楽しく始めてみましょう。

子育てに体罰はいらない！
── 愛はムチよりも強し

　最近特に問題になっているのが、学校でのいじめ・スポーツ界での体罰・暴力行為（殴る、蹴る、棒などでたたく）です。

　それぞれニュアンスの違いはありますが、弱いもの・弱い立場にあるものに対しての暴力行為です。暴力は、教育的配慮・指導的立場などいかなる目的や理由があっても決して容認できることではありません。学校の先生であろうと、スポーツ界の監督やコーチであろうと、親であろうと、全て「NO！」です。

　子育てにおける体罰や暴力は、しばしば「しつけ」の名のもとに親の責任・義務・権利など、いわゆる「親ごころ」という形で現れます。しかしその多くは未成熟な親子関係の結果です。そもそも親は、生後子どもとの付き合いが始まる当初から「親・おや」ではありません。親子関係を通じて「親・おや」になっていくのです。そこにしつけ（強制）の入る余地はありません。

　子どもを殴る・蹴る・棒などでたたくなどの暴力行為は、子育てに際して害はあっても益は全くありません。親がどんな理由をつけようが、子どもにとっては罰であり恐怖あるのみです。さらに悪いことには、親から暴力行為を受けた子の多くが、親になって自分の子に暴力的行為をするようになることです。親から子への暴力の連鎖、その悪の連鎖を断ち切るのが「ほめる子育て」です。

　「愛（ほめる）」は「ムチ（体罰）」よりも「強し（効果的）」です。

笑顔が子どもの心を育てる
── まず「そうねぇ」と受け入れよう

　「笑い」の健康への効果は大なるものがあります。しかし「笑顔」は笑いとは違います。笑いは個人的な感情の表出ですが、笑顔はコミュニケーションの薬味です。親（特に母親）の笑顔は肯定的なメッセージですから、子どもに近親感や安心感を与えます。「いいね・可愛いね」などのことばかけも大切です。なぜなら、それらのことばが肯定的だからです。

　親子のコミュニケーションの多くは、言葉ではなくジェスチャー、つまり身振りや声の強弱などを通して行なわれています。また、コミュニケーションにとって重要な要素は雰囲気で、その良い雰囲気作りに欠かせないのが笑顔とことばかけなのです。

　乳幼児期に重要なことは情緒（こころ）を育てることです。子どもへの否定的で強制的なことばかけは、自分が受け入れられていないというメッセージとなります。その際、なぜ？ どうして？ という反応をしますが、その理由を子どもが理解できるように言葉で説明することは困難です。逆に、笑顔・肯定的なことばかけ・良い雰囲気は子どもを落ち着かせ、情緒を育てます。

　子どもは2、3歳頃から、あれなに？ なぜ？ どうして？などと親を質問攻めにします。そんな時は、まず「そうねぇ」と言って受け入れの姿勢を示しましょう。これが情緒の共有です。笑顔はことばによらない「そうねぇ」です。

門出する子ども達へ
──〝なんとかなるさ〟、リラックスした対応

「門出」とは、新しい生活を始めることです。春になって保育園・幼稚園や小学校など、新しい環境での生活を始める子ども達がいます。保育園や幼稚園は集団生活とはいえ、まださほど厳しい規則にしばられることはありません。しかし小学校に入学すると、とたんに集団生活上の規則が多くなります。それらの生活環境の変化は、親とくに母親や子ども達にいろんな影響をもたらします。

入園・入学に際しては新しい生活への心の準備ばかりではなく、規則正しい朝起きや登園・登校時間などの具体的な生活習慣上の準備が欠かせません。子どもにとっては新しい環境に慣れるための不安や心配がストレスとなって身体症状（お腹や頭が痛いなど）が出る場合があります。母親にとっても子どもが自分の思う通りに行動してくれないための不満がたまりがちです。

つまり母親にとっても子どもにとっても「門出」は大変な出来事なのです。しかし、子どもはいろんな変化に適応する（慣れる）能力を持っているので、子どもを追い込まない、リラックスした対応が重要です。それにはお母さんも自分を追い込まないことです。そして、子どもがうまくできたときにはほめる。この、ほめることで子どもは困難に立ち向かう力を持つことができるのです。

同じ環境のお母さん方と友達になって、〝何とかなるさ〟〝困った時は聞いてみよう〟という気持ちでいることをお勧めします。

「子育てを楽しむ」理由
─ 大変だから楽しい、苦労があるから面白い

　この連載は、「子育てを楽しもう─ 科学的な子育てのすすめ！」
のタイトルで進めてきましたが、その理由に触れてみます。

　世界保健機関（ＷＨＯ）は５月15日、世界保健統計2013年版の
中で合計特殊出生率（１人の女性が生涯に産む子どもの数・2011年）
の国別順位を発表しました。日本はＷＨＯ加盟194ヵ国中で179番
目の1.4でした。合計特殊出生率が2.07を下回ると、人口の自然減
が始まると言われています。つまり、少子化が進行するということ
です。

　日本の少子化の要因については晩婚化や育児環境の貧困などいろ
いろと言われていますが、"子育ての大変さ"もその一つと言ってい
いでしょう。そこで、すでに子育て中の親に"子育ての楽しさ"を
吹聴（宣伝）して欲しいのです。

　実際、子育ての大変なのは３歳までです。何しろ、それまでは言
葉は通じないし、子どもの行動の意味もわかりません。だから付き
合うのが大変なのです。

　しかし子育ては、その大変さの中に面白さや楽しさがあります。
大変さと苦労、面白さと楽しさを大いに語りましょう。

　レッツ子育て！　子育てを楽しもう！

予防接種再考
　　　　　― 防衛は個人のため？ 社会のため？

　いま、風疹ワクチンや子宮頸がんワクチンなど、予防（ワクチン）接種が話題になっています。その予防接種については一度解説しましたが、今一度触れてみたいと思います。

　予防接種の目的は、伝染する病気にかからなくするか、かかっても軽くすむようにすることです。つまり、個人の病気の防衛が主な目的です。しかし多くの伝染病は、個人のレベルを越えて他の人（社会）へ広がります。そのため、一般社会への広がりを阻止するためという目的（社会的防衛）もあるのです。

　子宮頸がんワクチン接種は個人防衛が目的ですが、風疹や麻疹の予防接種は個人防衛と社会防衛の両方の目的があります。個人防衛とはいっても、病気（がん）になれば医療という社会資源を消費するわけですから、純粋に個人的なことでもないのです。

　いま話題の風疹ワクチン接種の問題は、先天性風疹症候群の発生を防ぐために個人防衛のさほど必要でない人たちにもワクチン接種を推奨していることです。また、予防接種によって風疹の流行を防ごうという政策意図が明確でないところにも混乱の原因があるように思います。

　いずれにしても、国民が予防接種について関心をもつことが重要です。

子ども達の未来を語るのは、今でしょ！
─ 出生率の減少の背景にあるもの？

　厚生労働省は2013年6月5日、昨年の合計特殊出生率（1人の女性が生涯に産む子どもの数）が1.41だったと発表しました。2011年の1.39からわずか0.02ポイントとはいえ、上昇は2年ぶりで、1.4台の回復は1996年以来16年ぶりのことです。

　人口維持には合計特殊出生率2.07以上が必要と言われていますので、このままだと我が国の人口は減少するばかりです。平成15年には「少子化社会対策基本法」が制定されましたが、いまだに国の本気度が見えてきません。経済的な支援も全く不十分です。

　一方6月19日、国に子どもの貧困対策を実施する責任があるとして、「子どもの貧困対策の推進に関する法律（子どもの貧困対策法案）」が与野党賛成のもとで成立しました。これには、我が国全体の貧困率が16％（2010年）、一人親世帯にいたっては50％以上と高いこと、また子どもの貧困率が3.7％（2003年）、14.2％（2006年）、そして15.7％（2009年）と上昇し続け、先進国の中でも特に高率であることがユニセフなどの指摘により問題視されるようになった背景があるのです。

　今年の参議院選挙でも「子ども達の未来」について語られることはほとんどありませんでした。経済優先、経済さえ良くなれば万事がうまくいくという風潮がありますが、今こそ、みんなで子どもの未来、子育ての楽しさを語るべき時だと思います。

子どもの生活習慣（1）
― いただきます、ごちそうさま

　どんなことを子どもの生活上の習慣とするかは、親が決めれば良いことです。なぜなら生活習慣の多くが家庭内でのことだからです。しかし当然ですが、個人の生活習慣も社会性を持っています。自分だけのものではありません。

　以前「しつけ」について、"家庭でのしつけは、叱るためではなくほめるためにある"と書きました。習慣は強制によって得られるものではありません。習慣とは繰り返し実行することで身につくものです。しかしそれは、子ども本人の受け入れる気持ちが前提です。

　子どもの生活習慣について、これから何回かに分けて述べていきます。まず「いただきます、ごちそうさま」についてです。

　離乳食が週3回になったら「いただきます」から始めましょう。意味の説明をしても理解できませんから、説明は不要です。3歳前後から「ごちそうさま」を加えましょう。うまく言えたらほめましょう。そして小学校入学前後になったら「いのち」の大切さと「感謝」の意味をしっかりと説明することが必要です。

　それは「いただきます」には動植物の「いのち」をいただくという意味があり、「ごちそうさま」には食事を用意してくれた人に感謝するという意味があるからです。

子どもの生活習慣（2）
── おはよう、おやすみ

　どんなことを子どもの生活上の習慣とするかについて、子どもの成長・発達の視点から言えば、その項目はいくつかにしぼられます。

　「いただきます、ごちそうさま」のほかに、「おはよう、おやすみ、（おてつだい）」や「早ね、早おき、（朝ごはん）」などでしょう。いずれにしてもあまり多くない方が良いと思います。

　今回は「おはよう、おやすみ」についてです。

　これには一日のけじめの「あいさつ」と同時に、家族間の「コミュニケーション」という意味があります。つまり、親子間における信頼の確認です。

　これらの〝あいさつ〟は、小学校入学までには自然に言えるように訓練（繰り返す＝習慣化）しておきましょう。そうすることで、家庭の外で「おはようございます」「こんにちは」が言えるようになります。〝コミュニケーションの拡大〟です。そして子ども達は「おはよう」と「おはようございます（尊敬語）」や「おやすみ」と「おやすみなさい（尊敬語）」の違いを学んでいきます。

　とはいっても、生活習慣は強制によって得られるものではありません。習慣とは繰り返し実行することで身につくものなので、子ども本人の受け入れる気持ちを無視しては成り立ちません。

子どもの生活習慣（3）
― 早ね、早おき、朝ごはん

今回は「早ね、早おき、朝ごはん」についてです。

これらはみんな子どもの発育（成長・発達）と深いつながりがあります。まだ生活のリズムが十分に完成していない3－4歳頃までの子ども達にとってはとくに重要です。

ヒトには睡眠・覚醒（目覚め）のリズムを調節する「体内時計」がセットされています。脳の中の松果体という場所から分泌されるメラトニン（睡眠ホルモン）がその主役です。

周囲が暗く（夜に）なると、メラトニンが分泌され身体中の臓器の温度（深部体温）が下がり、活動が抑えられて睡眠モードに入ります。同時に、成長ホルモンの分泌が活発になります。〝ねる子は育つ〟と言われる通りです。

周囲が明るく（朝に）なると、メラトニンの分泌が止まり、脳をはじめ身体中の臓器が活動を始めます。その活動をサポートするのが「朝ごはん」というエネルギーです。〝朝ごはんは、脳とからだの目覚まし時計〟といわれる所以です。

体内時計はメラトニンが主役ですが、その分泌は明暗という環境にコントロールされています。朝の光が脳内の体内時計をリセットして一日が始まります。そのため、就眠（早ね）・起床（早おき）という生活リズムの習慣化が重要なのです。

子どもは日々急速に成長・発達している
― 変化するわが子を楽しもう！

　この連載を始めた頃、相談室に来た子のうち、大きい子は来春あたりにはもう小学校入学を迎えているでしょう。小さい子でも幼稚園に行くようになっている年齢です。ほとんどの親御さんにとって、その頃の子どもについての悩みや心配事はすっかり解決していることでしょう。しかし、また新たな悩みや心配事が起こっているに違いありません。子育てとはそんなものなのです。

　とくに乳幼児期の子ども達は日々急速に成長・発達しています。今のわが子は1か月前の、あるいは半年前のわが子ではありません。身体は大きくなり、出来なかったことが出来るようになっています。

　「子育てを楽しもう」の意味は、わが子を早い遅いや、善し悪しなど、他の子との比較で見るのではなく、変化するわが子のその変化を楽しもうということです。つまり前方視的（わが子の未来に眼を向ける）育児法です。

　また「科学的な子育て」とは、その子に沿った子育てという意味です。子どもは、その子なりの育ち方があらかじめ決まっています。環境によってどんどん変化しますが、乳幼児期は未だ環境の影響が少ないのです。

子どもの生活習慣（4）
— 手洗い、歯みがき、お手伝い

　子どもの生活習慣は強制するものではありません。しかし、子どもまかせでも身につきません。親の提案と子どもの受け入れが必要です。子どもの生活習慣には、子どもの発育（成長・発達）や健康に直接関係する基本的生活習慣と、各家庭独自に設定される習慣（約束）があると思います。

　今回は「手洗い、歯みがき、お手伝い」についてです。

　外から帰って来たらまず手を洗いましょう。食事の後には歯みがきをしましょう。ささいなことでもいいからお手伝いをしましょう。などなどの約束を子どもに提案します。よく話し合って、行動に移しましょう。お手伝いについては具体的な話をし、うまくできたら必ず「ありがとう」と声をかけましょう。

　「ほめられる」体験や「ありがとう」と人から感謝される体験は、子どもにとってはとても貴重な体験となります。ほめられることは自信につながります。また感謝の体験は、他の人のために役立つことや感謝することの大切さを知ることにつながります。

子どもとの親密さを高める
― 現状をよく説明しよう

　"ひとり親家庭"、とくに母子家庭のお母さんの来室が増えています。一人の相談に30分から1時間かけてゆっくり応ずることで、家族背景が子どもに及ぼしている問題点などが明らかになります。

　育児に関する相談は母子家庭の場合も一般家庭と同様ですが、母子家庭の母親は少し別な悩みを抱えています。それは、自分が父親の役割を果たさなければならないのではないかというプレッシャーです。

　結論的にいえば、母親は父親の役割を果たす必要はありません。子どもの成長・発達には母親の役割、つまり子どもへの愛着あるいは接触の高い「質」（量ではなく）、そして笑顔があれば充分です。

　しかし、これは遅くとも小学校入学までのことです。小学校に入る頃から多くの子が父親のいる他の家族との違いに気づき始めるからです。その時に大事なことは、それまでの母子関係の親密さと現状の的確な説明です。

　孤立しないためには多くの人との接触や体験が必要です。実家との関係やママ友の連携などです。子どもの可能性を信じて「明るく」行きましょう。

【参考】北九州市子ども家庭局　（http://www.city.kitakyushu.lg.jp/ko-katei/kod-kosodate.html）　「ひとり親家庭への支援について」

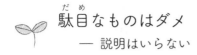

駄目なものはダメ
― 説明はいらない

　2013年のNHK大河ドラマ「八重の桜」の舞台となったのは、会津藩でした。その会津藩では、藩士に子弟のうち6歳から9歳までの10人程度のグループを作らせ、それを「什（じゅう）」と呼んでいました。「什」には決まりがあって、それを「什の掟（おきて）」と言っていました。

　やってはいけない掟には「卑怯な振る舞いをしてはなりませぬ」「弱いものをいじめてはなりませぬ」など七ヶ条ありますが、結びは「ならぬことはならぬものです」でした。つまり、やってはいけないことに理由などない、説明はいらない、ということです。

　子どもは、とくにお母さんにはいろんな要求をします。多くの場合は「ダメ」と言わずに、「どうしたの？　いいのよ」と聞き入れるのが正解です。ダメ出しは、できるだけ少なくすることがポイントです。しかし、いったんダメと言った場合はブレないこと、理由や説明は不要です。

　親にはダメの「理由」がたくさんあるはずです。しかし重要なことは、言葉や説明ではなく、親子の気持ちを共有することです。

想像力と感性を育てることばかけを

　3月11日は「東日本大震災・東電福島第一原発事故」が発生した日です。地震・津波などで2万人近くの人が死亡または行方不明になりました。多くの悲しいこと、つらいことが今も続いています。

　また昭和20年3月10日は東京が米軍による最大級の空爆を受けた日です。10万人以上の一般の人たちが殺されました。

　先日、沖縄の普天間米軍基地のすぐ側にある「佐喜眞美術館」を訪ねました。美術館には「原爆の図」を描いて名高い、丸木位里・俊さんご夫妻の共同作品「沖縄戦の図」が常設展示されています。中でも、縦4m横8.5mという巨大なキャンバスに、戦争の残酷さ、悲惨さと人間の不条理を描いた作品は見る人の胸を突き刺します。この沖縄戦で戦闘に巻き込まれて死亡した民間人は10万人近いと推定され、戦死者のほぼ半分にのぼります。

　よろこび、かなしみ、たのしさ、つらさ、の感情が子どものこころを育てます。体験しなくても、想像する力は生まれつき持っています。その力を引き出すのが絵画や音楽や絵本です。

　子どもには、ことあるごとに「うれしいね・たのしいね・かなしいね・つらいね」と、ことばかけをしましょう。想像力と感性を育てるために。

お母さんが いちばん
　　　 ― 母親は 何でも知っている

　みなさんはこんな経験はありませんか。大きくなって母親から「おまえはね、いつも動いていてじっとしていない子だったんだよ」とか「あんたはね、人見知りが強くてお父さんに抱かれても泣いて嫌がったものだよ」などと言われたことが、きっとあるにちがいありません。

　"母親は何でも知っている"――あなた自身が知らない、憶えていない、あなたの乳幼児期のことを"母親は知っている"のです。母親が知っている・母親が観てきたあなたが、本来のあなたなのです。あなたの知っている・あなたが自覚している「自分」は、成長するにしたがって学校や社会の中で変化したあなたです。

　母親が知っているあなたも、あなたが自覚しているあなたも、あなた自身であることには違いありません。しかし母親だけが知っているあなたを、あなたも知ることはとても重要なことです。

　お母さん、ぜひ、あなたのお子さんに小さい時のことを話してあげてください。

【参考】『ほっぷ・すてっぷ・キッズ』第17号（平成24年8月20日）「三つ子の 魂 百まで―どんな意味でしょう」

大きく変わった子育て環境
― 子ども達は大切にされているか？

　2013年は北九州市制50周年の記念の年でした。それは、5つの市が対等に合併して一つの市が生まれるという前代未聞の出来事でした。

　子どもを取り巻く環境もこの50年間で大きく変わりました。日本では子どもの出生数が半分になりました。一方では65歳以上の高齢者が増加して（人口の25%）、少子高齢化が急速に進行しています。

　少子化が進行する中で、少なくなった子ども達は本当に大切にされているのでしょうか。確かに乳幼児保健・医療の充実や進歩は目覚ましいものがあり、その恩恵に多くの子どもがあずかっています。

　しかし、子どもを育てるソフト（子どもへの温かい眼差し）はむしろ減退してきてはいないでしょうか。子ども達の悲鳴が小児科診療の現場で「心身症」という形で登場し始めたのは25年ほど前からです。同じような頃から子どもへの虐待や学校でのいじめが増加し、事態はさらに深刻になっています。

　2014年は国連総会で「子どもの権利条約」が採択されて25年、日本が条約を批准して20周年の記念すべき年です。親や家族や社会が「子育てを楽しめない」のは、大人社会が病んでいる証拠でもあります。いま一度、「子どもの権利条約」に眼を向ける時です。

イクメンパパ
― 子育てを楽しむパパ達

　「イクメン」は「育児をする男性（men）」の略だそうです。厚生労働省は〝イクメンとは、子育てを楽しみ、自分自身も成長する男のこと〟をコンセプトに、平成22年にイクメンプロジェクトサイトを開設しました。そして、いくつかの県では母子手帳ならぬ〝父子手帳〟が作製されました。

　子どもの館のある日曜日のこと、ボールプール遊びの順番の列に並ぶ〝イクメン〟の多さに驚きました。一方、ママ達はテーブルを囲んでママ友トークで盛り上がっていました。イクメンパパが確実に増加している状況をはじめて目の当たりにし、時代の変化を実感しました。

　父親が育児に参加することは、母親以外のヒトの存在を知ることになる点で、子どもにとっては非常にプラスになります。ただ心配なのは、母親や父親にとって、育児が楽しく、自分自身の成長につながると思えるような環境の整備が不十分なことです。

　子どもの視点を無視して、女性の社会進出とイクメンの勧めがかけ声だけになれば、不幸になるのは子ども達です。子どもの目線で子育て環境の整備を進めることが求められています。

ハイタッチのすすめ
　　── 子どもはスキンシップを求めている

　スポーツの現場では、選手や観戦者同士がハイタッチする風景がいつの間にか普通になりました。お互いに声を出し合ってハイタッチすることで気持ちを共有しようということなのでしょう。言葉のいらない（非言語的）コミュニケーションのさいたるものですが、必要なのは笑顔と元気です。

　乳幼児期における親子のコミュニケーションには、言葉よりもスキンシップが重要です。ハイタッチもその一つです。笑顔で元気よく楽しく触れ合うことの効果は、子どもとの一体感が得られ信頼感が増すことです。

　スキンシップの方法はいろいろありますが、声かけと同時に身体を触ることや抱きしめることが一般的でしょう。あるいは身体のくすぐり合いなども簡単にできるスキンシップです。こんなことが苦手な親御さんでも努めてやっておれば次第に身につくものです。

　しばらくは演技が必要かも知れませんが、楽しくハイタッチを！親子の気持ちの共有が進むはずです。

　相談室でも帰りぎわに子どもとハイタッチするようにしています。

声かけのすすめ
― 声かけから言葉かけへ

　乳幼児期における親子のコミュニケーションには声かけとスキンシップが重要なことを強調しました。

　では、声かけと言葉かけとはどこが違うのでしょうか？　声かけは、言葉を使うにしても特別意味のある言葉を必要としません。「きれいね」「かわいいね」「楽しいね」「きついね」「つらいね」など情緒的な語りかけです。声かけは言葉の意味が十分理解できない乳幼児期には欠かせない情緒の発達に必要な働きかけなのです。

　それに比べて言葉かけは、語りかける言葉に意味があります。それだけに、親としては語りかける言葉は慎重に、冷静に選ぶ必要があります。"何々しなさい"という命令口調は禁句です。望ましいのは「こうしたら」とか「こうしようか」など、すべきことを提案する言葉です。そして同時に大切なことは、「いいね！」「よくできたね！」「ありがとう！」など、結果について具体的にほめることです。

　"声かけ"も"言葉かけ"もそれ相当の演技（パーフォーマンス）が必要ですが、やっているうちにうまくなるものです。まず行動してみましょう。

エッ！　日本でのこと？
　── 子どもの貧困は誰の責任？

　先日、ＮＨＫ総合テレビで「おなかいっぱい食べたい〜調査報告・子どもの貧困〜」という番組が放映されて話題になりました。"エッ！これって日本でのこと？"と思った人も少なくなかったことでしょう。

　2014年7月、厚生労働省は2012年の17才以下の「子どもの貧困率」が前回（2009年）の調査より0.6％増加して過去最悪の16.3％になったと発表しました。つまり、子どもの6人に1人が貧困状態にあるということです。

　また、1人親家庭（ほとんどが母子家庭）の貧困率は54.6％で、貧困状態にある子どもの多くが1人親家庭で養育されているのが日本の現実なのです。

　ＮＨＫの番組では"まともな食事もとれない子どもたち"の栄養問題に焦点を当て、子どもの成長に及ぼす悪影響に警告を発しています。当然のことです。

　それにしても、子どもの健康を保障する責任は誰にあるのでしょうか？　答えは明らかです。

【参考】貧困率は、世帯の所得が全世帯の中央に位置する世帯所得の半額（2012年は122万円）未満の人の割合。子どもの貧困率は、貧困世帯における17才以下の子どもの割合。

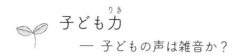

子ども力（りき）
── 子どもの声は雑音か？

　先日、前衛美術家であり芥川賞作家でもある赤瀬川原平さんが亡くなりました。その原平さんが発した「老人力」という言葉は大いに社会に受け入れられましたが、「子ども力」についてはまだ認知度が低いようです。

　最近、保育園の建設などを通じて "子どもの声は雑音か" ということが話題になっています。国語辞典によると「雑音」とは "不愉快に感じられる音、うるさい音" だそうです。子どもの声を雑音と感じるのは、世間の大人たちの「大人力」の低下に原因があるように思います。

　原平さんによると、老人力は "内側に向けての言葉" ということですが、とすると、子ども力は "外側に向けての言葉" ということになります。つまり、子どもが持って生まれたエネルギー（パワー）を発散した結果ですから、雑音とは区別すべきです。事実、"子どもの声は騒音から除外しよう" という呼びかけも広がっています。

　いずれにしても、子ども達にはいつでもどこでも大声を出して遊べる環境と権利を保障してやりたいものです。

子どもの権利
── 子どもに夢と希望を

　2014年のノーベル平和賞は、パキスタンのマララ・ユスフザイさん（17才）とインドのカイラシュ・サティヤルティさん（60才）が受賞しました。マララさんは女子教育の権利の確保を、そしてカイラシュさんは子どもの教育の機会を奪う児童労働の撲滅を目指して活動していることが評価されたのです。

　今年25周年を迎えた「子どもの権利条約」（1989年国連総会で採択・1990年発効・日本政府は1994年批准）では、"子どもの権利4つの柱"として、

　1生きる権利、2育つ権利、3守られる権利、4参加する権利をあげています。

　"育つ権利"は教育を受ける権利ですが、子ども達の夢と希望の実現にとって欠かせない権利です。子どもにとって"夢"見ることは日常であり、"希望"は生きる力なのです。差別や貧困のために、夢を見ることも希望を持つこともかなわない子ども達が世界には多くいます。子どもの貧困率が高率である我が国も決して例外ではありません。

　子どもの夢を聞き、子どもの希望の実現に責任を持つのは大人です。

参加する権利
── マララさんのノーベル賞受賞演説

　ノーベル平和賞を受賞したマララ・ユスフザイさん（17才）の受賞演説の中に次のような言葉があります。

　「親愛なる少女、少年のみなさん、今こそ声に出して言う時です。そこで今日、私たちは世界のリーダーたちに、平和と繁栄のために重点政策を変更してほしいと呼びかけます。世界のリーダーたちに、すべての和平協定が女性と子どもの権利を守るものでなければならないと呼びかけます」

　また、次のようも言っています。「私は子どもたちの権利のために立ち上がり、子どもたちに声を上げてもらうためにここにいます」。そして演説の終わりに「平等と正義、そして平和をみんなにもたらしましょう。政治家や世界の指導者たちだけでなく、全員が貢献する必要があります。私も、あなたも。それが私たちの義務なのです」と締めくくっています。

　前回、子どもの権利４つの柱のうちの"育つ権利"について述べました。マララさんの演説は、まさに子どもの権利のうちの一つである"参加する権利"を主張したものです。素晴らしいアジテーションです！

【註】引用は「河北新報ONELINE NEWS」＜マララさん＞平和賞受賞演説テキスト（1）（2）より

弱きもの 汝の名は？
― 共感から想像力へ

　"弱きもの汝の名は女なり" という名セリフは、シェイクスピアの「ハムレット」にあるものです。翻訳者の坪内逍遥は後に原語に沿って "もろきもの" と訂正したのですが、"弱きもの" のほうが根付いてしまったそうです。そして今や、原文とはかなり違った意味に使われています。

　私が小児科医になって初めて教えられた言葉は、「子ども達はvulnerable group（被害を受けやすいグループ）である」でした。精神的にも身体的にも "弱い" あるいは "もろい" 集団に属するのは、子どもの他には女性や障害者あるいは老人ですが、ポイントは "被害を受けやすい" という共通項です。自然災害や事故、そして戦争や紛争において顕著です。

　子ども達に "被害を受けやすい" 人たち対する共感の気持ちを芽生えさす働きかけはきわめて重要です。幼児期早期は「きれいね、かわいいね、楽しいね、悲しいね、つらいね、さびしいね」などの「声かけ」から、しだいに「楽しそうね、悲しそうね、つらそうね、さびしそうね」などの「言葉かけ」が可能になります。やがて、それは想像力を育てることにつながります。

"おしつけ"ない"しつけ"
── 身近なことから始めよう！

　相談室での相談の中で最も多いのは"しつけ"についてです。子どもの将来を期待する「親ごころ」の現れでしょう。また、ジジ・ババなど周囲からのプレッシャーもあるでしょう。しかし、"しつけ"は子どもにとってはいやなこと、したくないことの"おしつけ"ですから簡単に身につくはずはありません。

　3才前後の幼稚園など集団生活に参加する前の子ども達は、イヤイヤが多くなる、何でも自分流にしたくなる年頃です。それでも、親の気持ちは受け止めることができます。

　そこで大事なことは、子どもに自分ですすんでやりたくなるように仕向ける知恵です。そうです！ ほめることです。ほめながら子どもと一緒にすることが"おしつけ"ない"しつけ"です。具体的に言えば、「おはよう（ございます）」「おやすみ（なさい）」「いただきます、ごちそうさま」などの生活習慣を身につけることです。手伝いをたのんで「ありがとう」、履物を揃えさせて「よくできたね」などの言葉かけも効果的です。

　それを始めるのは、今でしょ！

"きょうだい"の効用
—— 知らずしらず"みんな仲良く"を学ぶ

　「兄弟姉妹」は何と読むのでしょう？　普通は"きょうだい・しまい"と読んでいますが、法律用語としては"けいてい・しまい"と読みます。同じ父親と母親から生まれた子ども同士、つまり同胞を意味します。しかし現在は、性差別を避ける意味や家族関係の変化に伴って、生み親の違いや男女に関係なく単に"きょうだい"と言うことが多くなりました。

　子育て相談の5年間で約300組の家族が来られました。そのうち約50組が"きょうだい"のある家族でした。しかし、一人っ子の親御さんに2人目について聞いてみると、ほとんどの場合2人目が欲しいとの答えが返ってきます。何がその希望を拒んでいるのでしょう？

　"きょうだい"の存在は、幼稚園や学校と違って身近に年令の異なる身内がいるということです。身近におればこそ"きょうだいげんか"やいじめ合いも起こるでしょう。しかし結局、どこかで折り合いをつけて仲直りをするしかありません。これが"きょうだい"の効用です。知らずしらずに、人の違い・多様性や譲り合い・妥協の仕方を学びます。

　いずれの場合もキーワードは、"みんな仲良く"です。

人の気持ちがわかる子に
── 立場や考えの違う人と仲良しになる方法

　他の人と仲良くする "こつ" は、自己があまり固まっていない子ど
もの時期から教え始めることです。他の人と仲良しになる方法を学
ぶには、子どもに多少の危険も含めてさまざまな体験や多様な経験
をさせることが必要です。子ども同士にかかわらず、高齢者や顔や
肌の色の異なる人、障害を持った人などなど、いろんな人との接触
やいろんな体験を通じて喜びや悲しみ、達成感や喪失感を学ぶこと
ができるのです。

　他人の気持ちや立場を理解することは、平和について考えること
につながります。世界が多様化し、平和がゆらいでいる中で、立場
の違う人や考えの違う人とどのように仲良く付き合っていくかとい
うことが重要なのです。

　子ども達に教える前に、まず親達が「平和」＝ "人と仲良しになる
方法" を考えてみましょう。

子育てを楽しむコツ
― 子どもは成長していくもの

　相談室活動の5年間、子どもの年令や相談者の居住地、相談の内容などに顕著な変化はありません。しかし、微妙な変化はいくつかあります。うれしい変化もあって、その一つが再来者の増加です。また実態はなかなか把握できませんが、一人親家族の来訪も微増しているようです。

　相談室のモットーは "子育てを楽しもう" です。確かに子育てはつらいことやきついことも多く、楽しいばかりではありません。そのような子育てを楽しむにはどうすれば良いのか、みなさんとともに考えてきました。

　相談時点の問題は時間と共に解決すると信じること、しかし次の新たな課題が持ち上がってくることを受け入れること。こうして子どもは成長していくのだと理解すること、それが子育てを楽しむコツであると話してきました。

　話し合うには時間が必要です。幸いなことに1回の相談で最低30分間と設定し、話ができているので満足してもらっているようです。相談相手の私も楽しんでいます。

　今後も一緒に "子育てを楽しもう" をモットーにしていきます。

3の倍数がポイント
― 成長・発達の節目

　子育て相談の8割以上が3才以下の子どもの成長と発達について
ですが、3才以後も話題になります。

　1才以後は3の倍数の年令、つまり3・6・9・12・15才がポイ
ントになります。子どもが大人になる過程は身長や体重が増える身
体的な「成長」と精神・運動という機能的な「発達」に分けられます。
生まれてから3才までは、その後の成長・発達の基礎が作られる時
期で特に重要です。6才は、小学校入学という本格的な集団生活・
社会生活が始まります。

　9才は、比較的安定した時期ですが身体面での個人差が目立って
きます。身長が急に伸びはじめ、生理（月経）が始まる女の子も出
てきます。男の子はやや遅れますが、成長ホルモンや性ホルモンの
分泌が盛んになる思春期の発来です。

　12才前後は、成長・発達面で最も個人差の激しい時期です。今ま
でと全く違う我が子に戸惑い、親の力量が試されることになります。

　15才になると、思春期の嵐はやや収まって安定期に入りますが、
精神発達はまだまだ不安定期にあります。この時期は自分の言葉で
考え、自分の意見が言えるようになっているはずです。

　そして18才、選挙権が与えられ、名実ともに社会から大人として
見られるようになります。さあ、親としては子どもの成長発達の過
程の中で、どのように〝子離れ〟していけばいいでしょうか？

良い加減の子育てのすすめ
— "頑張らない"が"あきらめない"子育て法

　子どもが生まれた！ 感動と喜びを束の間味わったと思ったら、すぐ子育てがはじまります。子どもへの期待がふくらむ。子どもとのつき合いが始まる。親にとってはどうしても力が入ってしまいます。当然のことです。

　子育ては"ヒトと人のつき合い"です。親は相手が子どもだとついつい"上から目線"で接してしまいます。しかしつき合いの期間からすれば生後3か月の子とは3か月、3才の子とは3年間のつき合いに過ぎません。お互いが理解し合いうまくつき合えるようになるには時間が必要です。力んではうまくいきません。

　力を抜きましょう。"いい加減"ではなく"良い加減"つまり子どもに近づきすぎないが離れすぎない良い距離をおくつき合いが求められます。

　それが"頑張らない"が"あきらめない"子育て法です。そんな子育てを楽しみましょう。

🌱 子どもは見ている

　以前、「お母さん力（りき）」について書きました。その中で母親が子どもに〝さわる〟〝触れる〟ことの子どもへの影響または効果について述べました。

　今回は、子どもの側から見た母親について考えてみましょう。

　何と言っても子ども達、特に乳幼児期の子どもにとって母親は絶対的な存在です。成長するに連れて母親の絶対性は薄れてきますが、それでも子どもにとって母親はいつも気になる存在です。

　子どもは自分が母親からどんなふうに扱われるのか、幼い頃は生理的・情緒的に、そして成長するとともに具体的に受け止めます。母親の言葉によらない対応から言葉を通しての対応という関係が形成されます。つまり、母親からどう〝扱われる〟かから、どう〝言われる〟かという関係への変化です。

　そして思春期になると、異性である男の子と同性の女の子では母親に対する見方が違ってきます。いずれにしても、母親の力（母親力）が最も試される時期であると同時に、父親の出番でもあります。お父さん、格好良く行こう！

みんなと一緒に楽しさを共有する
― 幼稚園・保育園の運動会から学ぶこと

　9月は秋の運動会の季節です。自宅前の公園の広場で近くの幼稚園の園児達が運動会の練習をしています。散歩のついでに見物をしながら、練習の様子を観察してみました。

　そこで気づいたことは、幼児期の運動会の目的が学童期の運動会とは違うようだということです。徒競走などの個人競技やリレーなどの団体競技は両方に共通していますが、幼稚園・保育園では個人競技よりも団体競技に重きがおかれています。団体といっても3才から5才までの成長・発達の程度の異なった集団ですから、それぞれの集団を指導する保育士が必要です。そのため、保育士さんの役割は大変重要です。

　幼稚園・保育園の運動会の目的の一つは、日常生活以外の場で何ができるかではなく、いかに参加できるかを親に披露することです。学校の運動会では勝敗の結果や達成度が評価されますが、幼児期の運動会では速い遅いや勝った負けたではなく、いかに集団に参加できたかが評価の対象です。

　しかし、いずれの運動会でも重要なことは、身体を動かすことを通じて〝楽しさを共有〟し〝連帯と共感〟を体験することです。運動会は、親やきょうだい、そして〝じじ・ばば〟にとっても楽しいイベントです。

いただきます・ごちそうさま
― 感謝の気持ちを育てよう

　以前、「いただきます・ごちそうさま」を食事の時に言うようにしましょうと書きましたが、その言葉の意味について考えてみます。

　「いただきます」は、食事の材料になっている魚や動物、そして野菜などの植物の生命（いのち）を〝いただきます〟という意味のほかに、料理をしてくれる人へ〝ちょうだいします〟という感謝の気持ちも含まれています。

　「ごちそうさま」は、〝ちそう（馳走）〟つまり食材を馬に乗って走り廻って集め、食事の準備をする人たちへの感謝の気持ちを表しています。

　「いただきます・ごちそうさま」は、多くの日本人が食事の時や何か食べる時に言う素晴らしい習慣です。しかし、その意味については意外と大人にも知られていません。

　子ども達が少し大きくなったら、感謝の気持ちを育てるために「いただきます・ごちそうさま」の意味について話してあげてください。

【備考】馳走（広辞苑より）
　①かけ はしること。
　②あれこれ走りまわって世話をすること。
　③ふるまい、もてなし。
　④立派な料理、おいしい食物。

世界子どもの日は11月20日だよ
― 知ってた？

　「世界子どもの日」は、「子どもの権利条約」が国連総会で採択されたことを記念して、平成元年（1989年）に制定されました。

　そして今年は、国連が始まって以来初めて31名のノーベル平和賞受賞者と団体が「紛争地域に住む子どもへの教育の必要性」を訴える目的で「合同書簡」を発表しました。

　紛争による難民の増加や子どもの貧困が深刻な国際問題になっている世界情勢だからです。

　日本の「こどもの日」は5月5日で、この日は古来より「端午の節句」または「菖蒲の節句」として男の子の健やかな成長を願って祝ってきました。そして、昭和23年（1948年）に国民の祝日の一つに制定されました。

　国の祝日法の第2条には、制定の趣旨として「こどもの人格を重んじ、こどもの幸福をはかるとともに、母に感謝する」と記されています。

　すばらしい！

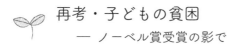

再考・子どもの貧困
── ノーベル賞受賞の影で

　戦後70年目となる2015年を振り返って、注目された明るいニュースは医学生理学賞の大村智さんと物理学賞の梶田隆章さんのノーベル賞受賞でした。その一方、子どもを取り巻く暗い話題は何と言っても「子どもの貧困」です。

　以前、「子どもの貧困」について次のように書きました。（51頁）

　　"厚生労働省は2012年の17才以下の「子どもの貧困率」が前回（2009年）の調査より0.6％増加して過去最悪の16.3％になったと発表しました。つまり子どもの6人に1人が貧困状態にあるということです。また1人親家庭（ほとんどが母子家庭）の貧困率は54.6％で、貧困状態にある子どもの多くが1人親家庭で養育されているのが日本の現実なのです"

　この日本の子どもの貧困率は、経済協力開発機構（OECD）加盟34カ国中10番目の高さにあります。これが国内総生産（GDP）世界第3位の経済大国日本の現状です。さらに問題なのは、これら貧困環境の中で育った子どもの多くが将来再び貧困状態に陥るという「貧困の連鎖」です。

　「子どもの貧困」は "安心・安全" な社会を目指す我が国が取り組むべき最重要課題なのです。

子どもの心を豊かに
── 先輩小児科医からの贈りもの

　2016年が明けました。今年が子どもにとってより良い年になることを期待します。

　昨年の暮れに先輩の小児科医から小冊子（註）が送られてきました。それは、その先生の60年近くにわたる小児科医としての業績をまとめたものですが、中心は「育児」に関するものです。

　その論文の見出しをいくつか記してみます。「育児不安とその対策」「"いじめ"その底にあるもの」「危機に立つ子どもの心－なぜ、そして対策は－」等々です。

　最初の論文は20年以上前に発表されたものです。その論文では、母親の育児不安に対する従来型の対応を反省しながら、"育児支援ネットワーク"構築の重要性が強調されています。そして最後の論文では、"子ども心の危機をきたす要因"について、"子どもの心の健康"を育てることの大切さが述べられています。論文は最新のものでも7－8年前に書かれたものですが、現在においてもそのまま的を射た指摘ばかりで決して古びていません。

　先生の主張の多くは私がしばしば書いてきたことと"軌を一にする"もので、"我が意を得たり"の思いです。

【註】松本壽通著（医療法人 松本小児科医院）「"子どもの心を豊かに"小児科医58年間の論文などまとめ」（平成27年10月26日発行）

誕生日を祝おう
―― "あなたを護り続ける"というメッセージ

　どの子にも年に一度は誕生日がめぐってきます。子どもにとって自分の誕生を祝ってもらう意味は何でしょう。ケーキが食べられるとか、贈り物がもらえるとか、みんなに祝ってもらえるなどという現実的な楽しみだけでしょうか？

　その通りです。子どもは、そんな楽しみや喜びを通して自分の存在（生きている意味）を意識するのです。

　自分が家族の中で、あるいは特定の人や集団から認められ、愛されていることを知ります。そしてそれが、人と人とのつながりを信じることとなり、子どもに自信や生きる力を与えるのです。

　子どもにとって誰から誕生日をお祝いしてもらうのが一番うれしいのでしょうか？　言うまでもなく親です。それも、自分を産んでくれた母親からの祝いの言葉が最もうれしいのです。

　子どもにとって母親は、自分を認めてくれ、護ってくれる最後の"砦"だからです。

　子ども達の誕生を、誕生日を、祝ってあげよう！　それは子どもの成長を見守るべき大人の役割であり、大人からのメッセージでもあるのです。

子どもは社会で育てる
— この５年間を振り返って

　この相談室がスタートした時、モットーとして次のように述べました。

　　「この便りでは未来志向の子育て情報を発信していきます。未来
　志向の子育てとは何でしょうか？　それは、いま目の前にいる子
　どもをみると同時に３年後、５年後、10年後の子どもの姿を思い
　描いた育児法です。親も子どもと一緒に成長していこうという発
　想です」

　あれから５年が過ぎました。当時１才の子は小学校入学前か今年
入学１年生、そして３才の子は２年生か３年生になります。

　このように子ども達は成長していますが、親達は、社会は、果た
してどうでしょうか？　"子育ての環境"は本当に改善に向かったので
しょうか？

　現実は改善どころか、子どもの貧困や待機児童問題など状況は個
人の努力ではどうしようもないほど深刻な危機にあります。いろん
な意見があるにしても、今こそ"子どもは社会で育てる"という認識
が必要ではないでしょうか。

「個別子育て相談室」のあゆみ

　相談室が開設されたのは2011年の4月です。その年の3月11日に東日本大震災・東電福島第一原発事故が発生、そして2016年4月14日には「熊本地震」が起こり、地震の影響は現在も継続中で未だ収束していません。子ども達の健康がとても心配です。

　この6年弱の総相談者数は372人で相談回数は121回、相談総数は317件で1回当り3.8件でした。うち相談者の80%近くが母親のみで両親は13%弱に留まっていました。1人親家庭特に母子家庭の親または家族の相談件数は不明ですが、相談室に来る余裕がないことも想像されます。相談者の居住地は市内が83%、うち八幡西区が60%、市外は17%でした。また相談対象は3才以下が80%で、うち男児も女児も60%と、ほぼ同数でした。

　相談数の合計は535件。相談内容では、身体発育や運動発達など成長発達・ことばの遅れ・多動など行動異常が最も多く全体の45%近くを占めています。しかし、病気や予防接種に関する相談は20%程度でした。興味深いことに、"しつけ"については25%近くの相談がありました。

　この5年10か月の相談実績から言えることは、子育てに関する心配や関心事は年による変化はさほどなく共通しているということです。これからも、気軽に相談できる体制、個別相談にはある程度時間をかけた対応が必要です。

遊びで情緒を育てよう
─ 強い弱い・速い遅いで比べない

　東京オリンピック開催を目前にして、スポーツ競技への関心が特に高まっています。『スポーツとは何か』（玉木正之著）には「スポーツの基本は遊びである」と定義されています。

　その中で、「遊びとは＜非実用的でそれ自身のために追求される肉体的，精神的な活動＞のことである」と述べています。

　そこには"強い弱い・速い遅い"や"勝ち・負け"などの入る余地はありません。

　そこにあるのは"情緒"です。ある国語辞典によると、情緒とは「ある事柄・場所に触れて生ずるさまざまな感情。その事柄・場所に独特の雰囲気。喜び・悲しみ・怒りなどの感情」と解説しています。つまり理性的な感情ではないということです。

　"遊び"の効用で重要なことは、情緒を共有する人が身近にいることです。情緒を他の人と共有することによって情緒は強化され、広がりを持ってきます。他の人の気持ちがわかるようになり、思いやりの気持ちが育ちます。

　学童期以降ではスポーツ"競技"から学ぶこともたくさんあると思いますが、幼児期には"遊び"である"スポーツ"が不可欠なのです。

【註】玉木正之「スポーツとは何か」　講談社現代新書　1999年

再考・しつけ（1）
― "おしつけ"はいらない

　個別子育て相談室での相談で最も多いのは"しつけ"で、この悩みはなくなることはないと思えるほどです。

　再び、"しつけ"についてです。

　子どもの未成熟だった脳は2才頃から急速に成長して、4才頃には大人の脳の8割くらいの大きさになります。それに伴って喜びや怒りや悲しみなどの感情をコントロールする前頭葉がしだいに発達していきます。

　この時期は"しつけ"に耐えるほどの力は未だ備わっていないので、脳を育てることが必要です。

　「子育て」には、身体的に健康に育てることと精神的には自分をコントロールする"ちから"を育てること、つまり"脳（前頭葉）育て"があります。

　脳（前頭葉）を育てるには、"おしつけ"はできるだけ避けて、"ほめる"ことが有効です。

　子育てに"おしつけ"はいらない！です。

再考・しつけ（2）
― 脳を育てる"しつけ"をしよう

　子育てにおける"しつけ"については、親の言うことを聞くようにしつける、社会生活上での規則を守るようにしつける、などさまざまな意見があります。

　しかし、"しつけ"は成長のための"訓練"であり、子どもにとっては直ちに実行できるものではないのです。

　訓練は教育と言い換えることもできますが、訓練も教育もする側（親）とされる側（子ども）がいるところが共通しています。"しつけ"の効果は、される側（子ども）の脳の発達の程度に左右されます。したがって、"しつけ"を効果的にしようとするなら脳（中でも前頭葉）を育てることが重要です。

　方法は、まず子どもができる範囲の課題をさせてみる。できたらほめる。次に、少し高めの課題に挑戦させる。できたらほめる。できなかったら課題を変えて再度させてみる。

　課題は親の思い入れの少ないもので、できなくても叱らなくてすむものを選ぶのがコツです。

　"しつけ"は遊び感覚で楽しくしよう！

子どもは時代のカナリア

　「炭鉱のカナリア」という言葉があります。カナリアが、炭鉱の坑内でしばしば発生する一酸化炭素など毒ガスの危険を敏感に察知して知らせてくれることから、"いち早く危険を警告する"例えとして言われるようになった言葉です。

　子どもは"時代のカナリア"です。公害や貧困、そしていじめや虐待など、現代社会に充満するいくつかの出来事は時代に先駆けて子ども社会を襲ってきました。

　カナリアに限らず小鳥は身体が小さいので、人間より何倍も早く毒ガスの影響を受けるのです。同じように、発育・発達途上の子ども達は大人に比べて何倍も敏感に環境の影響を受けやすいのです。つまり、いま子ども社会に起こっている危険な出来事は大人社会への警告なのです。

　子ども達は時代のカナリアです。大人はその声に耳を傾ける責任があります。

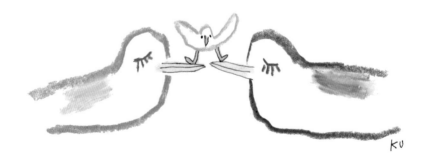

子どもの"いのち"を守る
　── 小児医療の最前線で

　小児科医になって今年で50年になりますが、この半世紀の間に子どもを取りまく環境は激変しました。

　その一は、"少子高齢化"です。北九州市の場合、14才以下の子どもの総人口に占める割合は1965年の28.5％が2005年には13.3％と半分以下に減少し、一方65才以上は4.2％から22.2％と5倍に増加しました。出生数は、1965年の19,500から2005年には8,300とほぼ半減しています。この傾向は現在さらに進行しています。

　その二は、病気の変化です。感染症などの急性疾患の減少と、難病やアレルギー疾患そして身体障害をもたらす慢性疾患や心身相関の異常に伴う"いわゆる心身症"などの相対的増加です。これらは、この50年間の小児医学・医療のめざましい発展と進歩の結果であると同時に、影の部分です。

　その三は、"高度経済成長"に伴って生じた公害問題や、テレビなどマスメデイアの普及が子どもに及ぼした影響です。子どもの虐待や登校拒否・いじめ・自殺、そして子どもの貧困問題などは、そのひずみの結果であり現在も拡大中です。

　この間、小児医療の範囲も確実に変化してきています。そして、小児科医は子どもの"いのち"（生命・人権）を擁護し、そのために闘うべき存在であると信じてきた50年でした。

語り合い、共感する
── 子育てとは〝親育ち〟

　親にとって子育てとは〝親育ち〟、つまり子どもを育てながら親になることでもあります。

　親と子がお互いに育ち合うために欠かせないのが、〝語り合い（コミュニケーション）〟です。コミュニケーションの手段は言葉だけではありません。乳幼児とのコミュニケーションには、手振り身振り、そして表情が重要です。これを非言語コミュニケーションと言います。とは言っても、たとえ意味が通じなくても言葉かけも欠かせません。

　子育てにとって大事なことは、親が子を育てるという一方的な関係ではなく、親も一緒に育つという相互の関係にあることです。だから〝語り合い〟が必要なのです。

　そして、そこに生まれるのが共感（感情を共有）し合う気持ちです。共感することが他人のことを思いやる気持ちを育てます。子育ては、親と子の信頼関係を育むことなのです。

子どもは誰のもの？
― 子どもは社会の一員です

　学校でのいじめや不登校の他にも子どもへの虐待や親子の無理心中、そして子どもの貧困等の報道が最近目立ちます。子どもの人権が無視された結果です。

　子どもは生まれると同時に、社会の仲間入りをします。心身ともに未熟ではあっても、人としての権利つまり〝人権〟が与えられるのです。

　日本では5月5日が「こどもの日」ですが、「世界こどもの日」は11月20日です。この日、国際連合で「児童の権利に関する宣言（1959年）」と「児童の権利に関する条約（1989年）」が採択され、子どもの権利・〝人権〟は国際的にも確立されました。日本では1994年に効力が発生しました。

　子どものを育てるのは直接的には両親ですが、それを支えるのは社会です。また、子どもの人権を擁護し、保障するのも社会です。子どもの問題は大人社会の反映でもあるので、社会の人権意識の程度が問われなければなりません。

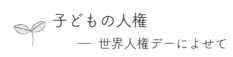

子どもの人権
── 世界人権デーによせて

　「世界人権宣言」が第3回国際連合総会で1945年12月10日に採択されたのを受けて、1950年の第5回総会でその日を「世界人権デー」と定めました。日本では、12月4日から12月10日までの1週間を「人権週間」として人権意識を高めるための行事が実施されています。

　これに併せて、子どもの人権を擁護しようと、国連で「児童の権利に関する宣言（1959年）」と「児童の権利に関する条約（1989年）」が採択され、11月20日を「世界こどもの日」としています。

　日本では1948年に、国民の祝日として古来から伝わる "端午の節句" の5月5日を「こどもの日」に制定しました。しかし、端午の節句は主として男児の健やかな成長を願っての行事であり、子どもの人権を擁護するという近代的な思想は含まれていません。そのためかどうかはともかく、我が国では子どもの人権に関する関心が低く、子どもの人権擁護の意識が高いとはいえません。

　5月5日の「こどもの日」に、もっと子どもの人権擁護の視点を加えたいものです。

誕生日を祝う
── 生まれてきて良かった！

　1月は私の誕生月なので、私にとっては特別な月です。母から、「おまえの生まれた日は雪が降ってとても寒かった」といつも聞かされてきました。先年家の片付けをしていたら、ガーゼの綿入れの産着が出てきました。驚いたことに、70数年前に私が着た綿入れの産着でした。何とも複雑な気持ちになりました。

　みなさんは〝自分はどこから来てどこへ行くのだろう〟と思ったことはありませんか？ 子どもの自我の発達、つまり他者を自分と区別できるようになるのは、イヤイヤのはじまる1歳半前後からと言われています。小さい頃の記憶がすべて残るわけではありませんが、無意識の記憶として脳に刻まれます。

　誕生日を祝うことは、子どもにとっては自分が家族の一員として、またヒトとして、社会の一員として認められることを意味します。自己の存在証明でもあります。

　〝生まれてきて良かった〟──そう思えるようになることが子どもを育てます。

大海の一滴
― ＳＯＳ子どもの村福岡

　２月如月は、私にとって悲しい月となりました。一昨年の２月６日、親友が大腸がんとの闘病の末に亡くなったのです。彼は晩年、子どもの社会的養護施設「ＳＯＳ子どもの村福岡」の設立と運営に代表・理事長として力を注いできました。

　「ＳＯＳ子どもの村福岡」では、育親と３〜５人の子どもたちが一軒の家（家族の家）で生活します。育親と子どもたちの家庭は、買い物や食事など毎日の暮らしもそれぞれが独立して営まれます。子どもたちは地域の幼稚園や学校に通い、子ども会や地域のお祭りに参加して、社会とのつながりを学んでいきます。（ホームページから引用）

　彼は子どもの村の開村式（2010.4.24）で、マザーテレサの「大海の水の一滴」を引用して村の前途を祝しました。

　　「わたしたちのすることは　大海のたった一滴の水に　すぎないかもしれません
　　でも　その一滴の水があつまって　大海となるのです」
　　　　　　　　　　　マザーテレサの「大海の水の一滴」より

【註1】満留昭久（1939-2015）（福岡大学名誉教授・小児科医）
【註2】子どもの村福岡（特定非営利活動法人）
　　　www.sosjapan.org/about/fukuoka/

新たな飛躍を期待しよう！
― 入園・入学・卒業の季節に

　3月、4月は、入園・入学や卒業など、子どもの成長にとって節目となる行事の多い季節です。また、親にとっても期待と不安の入り混じった複雑な気持ちになる季節でもあります。

　木は成長する過程で枝を出します。枝がなくては木は成長できません。その枝の根元が "節（ふし）" です。木は節を幹の年輪に巻き込んで伸びてゆきます。

　節目という言葉にはそこで打ち切りではなく、そこをきっかけに新たな飛躍を期待する意味があります。

　入園・入学や卒業は、子どもにとっては成長の一里塚です。だからこそ、子どもの前途を祝福することは将来への希望と自信を持たせることにつながるのです。

落ち着きのない多動の子は
― 発達障害（ＡＤＨＤ）なの？

　相談室で多い相談の一つは発達障害です。それは最近、子どもの発達障害が話題になっていることも関係があるのでしょう。なかでも多いのは「落書きのない・多動の子」の相談です。

　発達障害とは、脳の一部に生まれつき何らかの障害があって発達が遅れている状態を言います。発達障害はＡＤＨＤ（注意欠如・多動性障害）、自閉症（自閉症スペクトラム・アスペルガー症候群）、学習障害（ＬＤ）などに分類されています。

　文部科学省は、ＡＤＨＤを「年齢あるいは発達に不釣り合いな注意力、及び／又は衝動性、多動性を特徴とする行動の障害で、社会的な活動や学業の機能に支障をきたすものである」と定義しています。

　つまり、主な症状としては１）集中力がない２）じっとしておれない３）前後を考えずに行動する、の三つです。しかし、これらは活発で興味の旺盛な子にはしばしば見られる行動ですから発達障害（ＡＤＨＤ）と診断するのはかなり困難です。

　判断のポイントは、子どもが親の思いをおしはかる、いま流行の言葉でいえば「忖度」できるかどうかではないでしょうか。

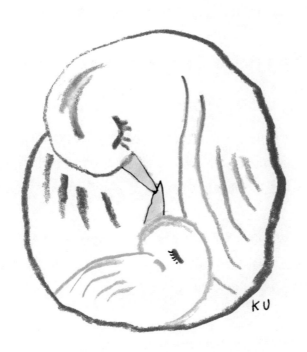

🌱 こどもの日に思う

　1954年国連総会で、11月20日が「世界こどもの日」と制定されました。一方、日本では1948年（昭和23年）に「国民の祝日に関する法律」（祝日法）によって15の「国民の祝日」を定め、5月5日を「こどもの日」としました。そこには、「こどもの人格を重んじ、こどもの幸福をはかるとともに、母に感謝する」ことが述べられています。

　そうです！

　「こどもの日」は子どものためだけの祝日ではなく"母に感謝する"祝日でもあるのです。"子どもの幸福"のために母親の存在は不可欠です。だからこそ、"母親に感謝する"ことが求められているのです。

　しかしです！

　子どもへの虐待や子どもの貧困、そして母子家庭の抱えている問題などを考える時、我が国の"こども"や"母"は 本当に大切にされているだろうか？と思ってしまいます。

ラッキーセブン
― 子どもたちに希望を

　個別子育て相談室も７年目に入りました。〝７（セブン）〟という数字または言葉には、何かしら特別の意味があるようです。

　まず思い出すのは「ラッキーセブン」でしょう。勝利に向かって、起死回生の幸運を願って、歓声の渦にある野球場の光景を思い浮かべる人は少なくないでしょう。世代によっては「ウルトラセブン」や「００７」を懐かしく思い出すかも知れません。また、７のつく言葉には「七不思議」や「七つの大罪」などもあります。

　そこで、子どもたちの「七つの願い」を考えてみました。

　１）平和で多様な世界が実現されますように

そして

　２）人権が尊重される

　３）みんなが仲良くなれる

　４）将来に希望が持てる

　５）平和な家庭が持てる

　６）戦争や貧困のない

　７）いじめや虐待のない

そんな社会が実現されますように――

いのちとは
みんなが持っている時間のこと

　2017年7月18日、聖路加国際病院名誉院長の日野原重明先生が亡くなりました。105才でした。

　内科医であった先生は長年多くの小学校で4年生の生徒に「いのちの授業」をしてこられました。

　「いのちとはみんなが持っている時間のことだよ」

　と先生は話されました。意味の深い言葉ですね。これを聞いた子ども達は、この言葉の意味をどのように理解（認知＝頭で考える）したのでしょう。

　ところで、言葉の理解力は、5才頃までに育てられる言葉によらない理解力（非認知能力）と密接に関係しています。つまり幼児期において、虫や魚、あるいは草花など自然に接する遊び（体で考え、理解する）の体験が重要なのです。

　生命や平和について考える力の源は、幼児期に遊びによって育てられる共感力と想像力にあるのです。

イマジン（Imagine）
　── 平和について話そう

　日本の8月は死者の魂を慰める "鎮魂の月" です。

　8月6日は広島原爆忌、8月9日は長崎原爆忌、そして8月15日は兵士と民間人を合わせて300万人以上の戦死者を出した太平洋戦争が終わって平和がもどってきた「終戦の日」です。

　また、8月13日から16日までの4日間は死者の魂を冥土からお迎えし、そしてお見送りする "お盆" です。

　今のこの瞬間に、世界のどこかで戦争（紛争）や貧困のために多くの子ども達が死んでいることを想像できますか？ その想像から共感が生まれることを信じよう！

　これは、ジョンレノン・オノヨーコの歌「イマジン」の一節です。

　　　想像してごらん　国なんて無いんだと

　　　そんなに難しくないでしょう？

　　　殺す理由も死ぬ理由も無く

　　　そして宗教も無い

　　　さあ想像してごらん みんなが

　　　ただ平和に生きているって

　　（和訳の転載元 * http://ai-ze.net/kanrinin/kanrinin5.htm ）

しつけのチャンス
— 育児で最初にぶつかるイヤイヤの壁とは？

　育児に際して、親が最初にぶつかるのが"イヤイヤの壁"です。1才半前後から始まる"イヤイヤ"は子どもの成長の証、つまり自我が芽生え始めた証拠なのです。喜ぶべきことではあっても、戸惑うことではありません。

　しかし、この時期は言葉による対話は成立しませんし、子どもの行動を理解することも困難です。

　イヤイヤ行動は、何しろ明確な目的や主張に基づいたものではない"あらし（嵐）"みたいなものなので当然です。

　"しつけ"の"おしつけ"は効果がないばかりか、むしろ害があり不必要なものだと述べてきました。"しつけ"とは子どもの成長を"見守る"こと、つまり子どもから「目をはなさないで見る。間違いや事故がないようにと、気をつけて見る」ことです。

　"あらし（嵐）"は子どもの成長（脳の発達）とともに遅くても3才までにはおさまります。"イヤイヤの壁"は一生のうち二度とない押しつけない「しつけのチャンス」なのです。

子どもの成長を"見守る"
― 子どもは"社会が育てる"という哲学

　相談室にやってくる人のほとんどが子育て真っ最中の母親です。相談室とは言っても実際は相談というよりは子どもを巡っての様々な話題がほとんどです。相談者としての私のモットーは、"子育てを楽しもう"、そして帰り際に、"気が楽になった"と言っていただくことです。

　子育てとは、子どもの成長を"見守る"作業です。家庭での生活が中心の乳幼児期は、子どもが自ら育つのを見守ることが特に必要です。その後、子どもが成長するにつれて、子どもは"社会が育てる"ということが重要になります。

　少子化が注目され始めてから何年が経ったのでしょうか？　そして今や"超"少子高齢化時代を迎えています。

　少子化について言えばさまざまな要因がありますが、子どもは"社会が育てる"という哲学が基本です。それを実現するのが政治です。しかし、その哲学の実現がなお足踏みしているとすれば、それこそ"哲学の貧困"であり"政治の貧困"ではないでしょうか。

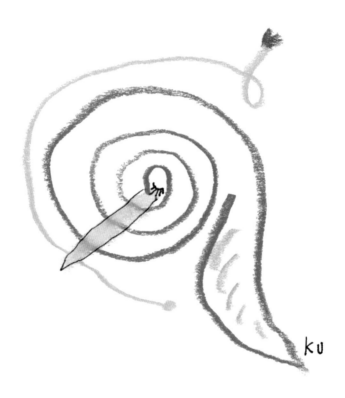

子どもは希望です！

　子育てとは、子どもの成長を"見守る"作業であると述べました。

　"見守る"には忍耐が必要です。つまり、親心からついしたくなる口や手を出す行為を我慢するということです。我慢する気持ち（忍耐）を支えてくれるのが子どもの成長です。成長は希望です。希望があればこそ我慢もできるのです。

　子どもは素晴らしい勢いで成長しています。脳の成長を表す頭の大きさは、3才から4才頃には大人の頭の8割にもなります。成長した明日の子は今日の子ではないのです。

　子どもは希望です！ 昨日できなかったことが今日できるようになる。そんな成長を親は日々目の前で見ることができ、安心して社会への旅立ちを"見送る"ことになります。子育てとは、子どもを一人の"ヒト"として認める作業でもあるのです。

子育てのポイント（１）
― 子どもの個性を尊重し、共感する

　子育てのポイントをまとめてみます。

　まずは、周囲の子ども達に目を向けてみましょう。すると、いろんな子がいるということに気づきます。自分の子だけを見ているのでは、子どもっていろんな子がいるんだという実感は持てません。

　見る時は良し悪しの比較の目線ではなく、子どもの個性を見る目線が大事です。そのことで子どもの多様性の発見につながります。それは同時に、子どもが生まれながらに持っている権利（人権）を知ることにもなります。

　子育てには多様な価値観が求められます。それが、個性を尊重する子育てです。子育てに「おしつけ」は有害無益です。子どもの個性に寄り添う子育て、すなわち子どもを見守り、子どもに共感することが子育てのポイントなのです。

　この"子どもに共感する子育て"は、子どもの共感力を育てることにもつながっていくのです。

　【備考】共感は、他者と喜怒哀楽の感情を共有することを指す。もしくはその感情のこと（ウイキペディアから）

子育てのポイント（2）
― 子育ては演技である

　「子育てのポイント」についてですが、そもそもヒトはどんな役割を担って生きているのでしょうか、生かされているのでしょうか？

　いま、高齢者の介護の世界で「介護と演劇」が話題になっています。和辻哲郎という哲学者が「面とペルソナ」という、よく知られた文章を書いています。その内容を手短に言うと、仮面を付けることで一定の役割を担った演技者が「人格（ペルソナ）」を得るということです。

　これを子育てに沿わせて言うと、子育てを担う母親や父親が「子育て」をする演技者の仮面を付けることで、「親」という"ペルソナ"を得る、というわけです。つまり、親は初めから子育てができる親なのではなく、仮面を付けることで初めて子育てをする親という演技者になるのです。

　というわけで、「子育て」は演技なので、練習すれば上手くなります。

【備考】ペルソナ（persona・仮面）はパーソン（person・人）の語源
　　　　和辻哲郎著「面とペルソナ」（青空文庫・「思想」1935年6月号初出）

子育てのポイント（3）
― マル・トリートメントにならないために
NGことばを避けよう

「子育てのポイント」の一つに、NGことばがあります。NGとは「No Good」の略字です。その意味は、文字どおり〝良くない〟とか〝適切でない〟ということです。

子育てでの〝NGことば〟は「何してるの！　早くしなさい」「ダメね！　いつも言っているでしょ」「もういい加減にしなさい」などです。

子育てに当たっては、ほめるにしてもしかるにしても子どもへの〝言葉かけ〟は不可欠です。問題は、その言葉の選び方とかけるタイミングです。同じ言葉でも、言う状況によってその効果は全く異なります。

さらに、年齢によっても受け取り方や反応が異なります。3才以下の幼児への指示的なことばはほとんど意味がないと知るべきです。

また子育てに際して、どうしても避けたい、あるいは基本的に言ってはいけない〝NGことば〟があります。それは、子どものプライドを傷つけることばで、「本当にダメな子ね」「○○ちゃんはできるのに」などです。

子育てのポイント（4）
― 我が子も他者と思うべし

　子育ての中で一向になくならないのが「児童虐待」です。児童虐待には、「打つ・叩く（暴力DV）」以外に、「世話しない・放置する（ネグレクト）」や「性的な（セクハラ）」虐待も含まれます。それらをまとめて「被虐待児症候群」と言っています。

　虐待の中でも、「たたく・ける」などの身体的虐待は「しつけ」と称して行われます。しつけは「おしつけ」てしまうと、子どもの意志や人格・人権を無視することになります。

　親としては、自分の言うことを聞かないことが「怒り」となり衝動的に暴力を振るうことになるのでしょう。しかし、我が子とはいえ自分の所有物ではありません。怒りに任せての暴力や押し付けは許されません。

　子育てには、イライラや怒りをぶつけるのではなくコントロールする知恵が必要です。"怒りのピークは6秒"と言われています。怒りが爆発しそうになったら、6秒間他のことに意識を集中して気持ちを鎮めましょう。

【備考】「被害者症候群」を
　　Battered Child Syndorome（ぶたれっ子症候群）
　　Mistreated Child Syndorome（みすてられっ子症候群）
と名付けた小児科医がいた。

仕付け？　躾？
　　　　── 押し付けのないしつけとは？

　"しつけ"はおしつけ（押し付け）であり、百害あって一利なしと何度も述べてきました。子どもに"しつけ"は必要ないと言うと、戸惑う親がいることでしょう。

　そもそも、しつけ（仕付け）の仕（し）にはあまり良いイメージはありません。「仕置（罰を与える）」や「意思に反して仕（従）たがわせる」意味などに使われます。ところで「仕事」の仕はどうでしょうか？

　もし、しつけが社会的ルールを教育することだするなら、学童期以降が対象となります。他人との接触が多くなる学童期からは、社会的ルールを社会が教え、社会で学びます。押し付けではなく自ら学ぶことが必要になります。その場合のしつけは、身を正すという意味での躾（しつけ）と言います。

　その基礎は、乳幼児期の押し付けのないのびのびとした環境の中での生活習慣の習得によってつくられるのです。乳幼児への"しつけ"は親によるパワハラと言うべきです。

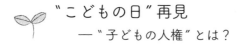

"こどもの日" 再見
―"子どもの人権" とは？

　5月は、"ゴールデンウィーク" のある月だという以上に重要な月です。その理由は、5月3日は「憲法記念日」(1948)、そして5月5日は「こどもの日」(1948)、さらに5月15日は「沖縄本土復帰記念日」(1972)がある月だからです。これらの記念日に共通したキーワードは「人権」です。

　「日本国憲法」は "人間が人間である以上、人間として当然持っている基本的な権利" を保障しています。その中心は「生存権」と「自由権」です。

　祝日法2条の「こどもの日」の項には「こどもの人格を重んじ、こどもの幸福をはかるとともに、母に感謝する」とあります。

　ここには「人格」という文言はありますが「人権」という言葉はありません。

　そして現在話題になっているのは、虐待・いじめ・体罰など子どもの人権についてです。

　「こどもの日」は国民にとってどんな意味を持っているのでしょうか？　子どもの人権を見つめ直す日になってほしいものです。

"子どもへの虐待" 再考
── アドボカシー活動

「パパとママにいわれなくてもしっかりとじぶんからもっともっときょうよりかあしたはできるようにするから もうおねがい ゆるしてください」

　（父親の虐待によって死亡した少女の手記より）

　またまた痛ましい子どもへの虐待・殺人事件が起きました。言葉もありませんが、今回もまた「しつけ」が動機になっています。

　事ここに至っては、子育てに関する事柄から「しつけ」という言葉も考え方もなくしてしまいたいくらいです。それにしても、何がこんなにも親たちを追い込んでいるのでしょうか。そして、親を犯罪者にしないために、また子どもたちを護るために、我々は何ができるのでしょうか？

　アドボカシーという言葉があります。その意味は、"本来「擁護」や「支持」「唱道」などの意味を持つ言葉"、また"社会問題に対処するために政府や自治体及びそれに準ずる機関に影響をもたらし、公共政策の形成及び変容を促すことを目的とした活動"（Wikipediaから）です。

　そして、アドボケーターとはそれを担う人のこと、自分の意見や権利を主張できない子どもの代弁者のこと、つまり子ども達の「助っ人」です。

　"子どもへの虐待" は "子どもの人権問題" なのです。

"しつけ"再々考
—「家庭」と「教育」の役割りとは?

　子どもへの虐待では"しつけ"がその動機または言い訳になっています。一体"しつけ"とは何なのでしょうか?　そう、「教育」です。子どもは教育されるべき存在だとして国が勧めているのが家庭教育です。文科省はその家庭教育について、次のように解説しています。

　　家庭教育は、乳幼児期の親子のきずなの形成に始まる家族との触れ合いを通じ、[生きる力]の基礎的な資質や能力を育成するものであり、すべての教育の出発点である。(これからの家庭教育の在り方"中央教育審議会 第一次答申")

　そして「家庭教育においてこそ培われるものとの認識に立ち、親がその責任を十分発揮することを望みたい」と、親の責任を強調しています。

　しかし、乳幼児にとって家庭は、親と"情緒を共有する場"であって「教育＝しつけ」をするところではありません。そうであるのに、子どもへの体罰を容認する人が約6割に上るという調査結果を国際NGO「セーブ・ザ・チルドレン・ジャパン」は発表しています。これが日本の現状です。

　育児プレッシャーを軽減し、育児を楽しいものだという意識を広めるためには、国はこのような育児への直接的な介入を避け、育児サポートに専念すべきではないでしょうか。

鎮魂の八月
― 死者への祈りを

　日本人にとって8月は死者の魂を感じる鎮魂の月です。

　お盆を始め、8月6日の広島・8月9日の長崎への原爆投下、そして8月15日は太平洋戦争無条件降伏・終戦の日です。

　この戦争によって310万人以上、そのうち広島の原爆で14万人、長崎の原爆では7万人が一瞬にして死亡するなど、多く人々の命が失われました。

　その魂の叫びを感じるのが8月なのです。戦争への深い反省の思いから、「戦争放棄を誓った平和憲法」が制定されました。

　鎮魂の祈りを捧げましょう！

　そして、

　子ども達と秋の空の雲の行方を見ながら祈りの気持ちを伝えよう！

　祈る気持ちは共感力と想像力を育てます。

秋を楽しむ
── 共感力・想像力を育てよう

　秋の空と雲、秋の草花と虫の声など、「情緒」あふれる季節がやっ
てきました。子どもたちと一緒に秋を満喫しましょう。

　「情緒」とは、何ものかにゆり動かされる喜びや悲しみ、驚きや怒
りなど喜怒哀楽の感情のことです。著名な数学者である岡 潔さんは、
"「情緒」は知情意の各分野にわたる正常な発達を促すもとになる"と
言っています。つまり「情緒」は、人間の精神活動の根本である"知性・
感情・意志"の発達を促すということです。

　子どもの情緒を育て、それを親とくに母親と共有（共感）するこ
とで子どもの「共感力（共感のしやすさ）」が育ちます。そして、「共
感」とは"他人と喜怒哀楽の感情を共有すること"であり、幼児期の
発達に不可欠な要素です。

　幼児期の「情緒的共感」は学童期以後、「認知的共感」へと発達し
ていきます。つまり、感情的な一時的共感から理解した上での持続
的な共感へと発達するのです。そして、やがて「共感」から他の人
の状況や気持ちを「想像する力（想像力）」へと発達させます。

　残り少ない秋を子ども一緒に楽しみ、感動（情緒）を共有（共感）
してみませんか。きっと何かが得られるでしょう。

どうすることが
子どもの利益になるのだろう？

　乳幼児期の子どもに対する押しつけは不要ですが、ではいったい親の役割とは何でしょうか？

　法的には親は子どもを育てる義務と権利（親権・懲戒権）があります。権利があるといっても、何でも許されるわけではありません。親権は「子どもの利益のために」あると改正民法で定められ、懲戒権（罰を与えること）を制限しています。

　親権者としての親の役割は、子どもに罰を与えることでも知識を与えることでもありません。

　では、「子どもの利益」とは何でしょうか？　何をすると「子どもの利益」になるのでしょうか？

　おはようございます。おやすみなさい。いただきます。ごちそうさまでした。ありがとうございます。これら、生活をしていく上での必要な言葉をしっかりと教え込みましょう。あいさつすることや感謝すること、その言葉は子どもにとって一生の宝物になるはずです。

"児童憲章" を見なおそう
― 世界子供の日

　国連総会は 1954 年、「世界子供の日」を制定することを全ての加盟国に対して勧告。そして 1959 年には「児童の権利に関する宣言」、1989 年には「児童の権利に関する条約」が国際連合で採択され 11 月 20 日を「世界子供の日」としたのです。そして日本では 5 月 5 日の「こどもの日」を当てると、1956 年（昭和 31 年）に閣議了承されました。

　しかし、すでにわが国では昭和 26 年（1951 年）児童憲章制定会議を開き、子どもの権利擁護を中心とした「児童憲章」を 5 月 5 日に制定していました。その「児童憲章」は、以下の 3 つの基本綱領と 12 条の本文から成っています。

　　われらは、日本国憲法の精神にしたがい、児童に対する正しい観念を確立し、すべての児童の幸福をはかるために、この憲章を定める。

　　　児童は、人として尊ばれる。
　　　児童は、社会の一員として重んぜられる。
　　　児童は、よい環境の中で育てられる。

　以上のように、世界に先駆けて子どもの権利擁護を「児童憲章」で高らかに宣言しているのです。この時、同時に記念切手が発行されました。

子どもは平和のシンボル

　平成最後の 2018 年も子どもの虐待が一番の話題でした。同時に、少子高齢化が極限に達した年でもありました。

　少子化が叫び続けられてきた平成時代ですが、国がほとんど何の対策もとってこなかった結果が今日の児童虐待の増加につながっているのではないでしょうか。

　子どもが人として尊ばれ、人権が守られる社会であればこそ、安心して子どもを産み、育てることができるのです。

　バブル崩壊後の平成の時代、日本は本当に平和を求めてきたのでしょうか。少子化に歯止めがかからないのはなぜでしょうか。次の時代の緊急の課題です。

　子育ての良好な社会環境を整備するのは国の責任です。平成の時代の終わりに当たり、次の時代の「子育て環境」への真摯な取り組みに期待します。

　子どもは平和のシンボルです！

″良い加減″な子育てのすすめ
―　その子に合った″加減″がある

「あの人はいいかげんな人だ」とか「もういいかげんにしなさい」など、″いいかげん″という言葉はあまり良くない意味で使われますが、″良い加減″と書けば悪い印象はありません。

　私は以前から、″頑張らない″子育ての具体的な方法として″良い加減な″子育てをすすめています。

　３才までの子どもは、まだ生後の環境の変化に影響を受けていません。つまり、子どもの行動や身体のあり方は親から受け継いだ″性質（たち）″がそのまま現れます。″良い加減な″子育てとは、その子どもの″たち″を見極め、それに逆らわない個人差を尊重する子育てのことです。

　重要なことは、叱るのかほめるのか、見守るのか口を出すのか、手を出すのか出さないのか、その″加減″を計ることです。子どもとの付き合いをしながら、失敗を恐れず、その子に合った″良い加減″を見つけましょう。そうすれば、きっと子育てが楽しくなるはずです。

子育てにはドアが必要
― 育児のカベを超えるには？

　桜の花便りを聞く頃なのに、巷（ちまた）では子ども達に関する暗いニュースばかりです。目を外に転ずると、米国をはじめ各国で国境という壁（カベ）が話題になっています。

　意味は違いますが、親も子育てに当たって〝こうしつけなければ〟〝ああ育てなければ〟などのプレッシャー、つまり「育児のカベ」にぶつかることでしょう。しかし、子どもが育つためには「社会・世間・ジジババ」など、どんな「カベ」も有害無益です。

　必要なのは、心の扉（ドア）です。

　「子育てのドア」は、挨拶（アイサツ）です。

　3才までの子どもについてですが、具体的には、「おはよう（ございます）」「おやすみ（なさい）」「いただきます・ごちそうさま」など、日常生活上の〝アイサツ〟だけで十分ですが、もう一つ「ありがとう（サンキュー）」も加えましょう。

　「子育てのカベ」は親たちの「心のカベ」でもあります。しかし、「カベ」は破ることも超えることも、そして「ドア」を作ることもできます。

親の矜持を保ってほしい
― 子どもの保護は国の未来に関わること

子育てに関する「社会・世間・ジジババ」などの発言が親へのプレッシャー（外圧）つまり「子育てのカベ」となり、ひいては親たち自身の「心のカベ（内圧）」になっています。

子育ての本来の責任は親にあります。その意味から言っても親は親としての「矜持（プライド）」を持ち、その親の矜持を支持するのが社会・世間・ジジババであるべきなのです。

中でも社会の支持・支援は重要です。親子を保護し、子どもの人権を護る法の整備や社会の政策が求められます。改善されつつあるとはいえ、現状はまだまだ不十分と言わざるをえません。たかが子どものことではありません。国の将来に関わる問題だという認識が必要なのです。

特に児童虐待について、子どもの保護の徹底と親を虐待の加害者（犯罪者）にしないサポート体制の確立が必要です。子どもにとって親はかけがえのない存在なのです。

だからこそ、親には「子育てのカベ」を乗り越えて「親の矜持」を保ってほしいのです。

子どもの多様性を学ぶ
― 小児科医が病気のない子を観て

　30年続いた「平成」の時代も今月が最後となりました。この9年間に相談室には400組弱の親子の訪問がありました。その9割以上が3才以下の乳幼児で、同伴者のほとんどが母親でした。

　主な相談は、多動など子どもの行動に関することや「しつけ」についてです。平均30分間、時には60分程度お子さんの行動を観察しながら親御さんと子育てについて話し合います。

　病気の子を中心に付き合ってきた小児科医としては、相談者として病気のない子どもの行動を身近に観察する機会に恵まれたことはとても幸いでした。そして学んだことは子どもの多様性ということです。

　相談室のモットーは「子育てを楽しもう」です。従って、帰り際に〝気が楽になりました〟と言われると、こちらもとてもハッピーになります。そして、それが「子育てを楽しむ」につながれば良いのだがと思うと同時に、一体何が母親の〝気を重くしている〟のかなと思ってしまいます。

子どもの人格と人権を護る
―「こどもの日」と「児童憲章」

　「こどもの日」は1948年（昭和23年）7月20日の「国民の祝日に関する法律」（祝日法）の第一号として公布・制定されました。そこには、こうあります。

　　こどもの人格を重んじ、こどもの幸福をはかるとともに、母に感謝する。

　そして1951年（昭和26年）5月5日、「すべての児童の幸福をはかるために」児童憲章が制定されました。3つの基本綱領ににはこうあります。

　児童は、人として尊ばれる。

　児童は、社会の一員として重んぜられる。

　児童は、よい環境の中で育てられる。

　このように「児童憲章」では、「こどもの日」に比べてより明確に子どもの人権擁護の姿勢が示されています。

　一向になくならない「いじめ」や「児童虐待」の根本的な防止対策は、子どもの人権への理解と人権擁護の実践を特に学校教育を通じて行うことが近道だと思います。

　すでに明治12年（1879年）制定の「教育令」でさえ、「凡学校二於テハ生徒二体罰殴チ或ハ縛スルノ類ヲ加フヘカラス」（第四十六条）と禁じているのです。

子育てを楽しむことで楽になろう
― 前方視的、未来型子育て

　9年前（2010年）の6月に開設された「個別子育て相談室」のメインテーマは"子育てを楽しもう"で、サブテーマは"未来志向型の子育てと科学的根拠に基づいた子育て"でした。

　そして、子育てを楽しむ視点を今の子どもにだけではなく、2年先、5年先の子どもに向けることが重要だと述べてきました。また、確かに子育ては親から子へと伝えられる部分があるとはいえ、科学的な根拠があることが必要です。親を悩ます子どもの不可解な行動も科学的に明らかにされつつあります。

　子育ては決して楽ではありません。だから社会的な手助けが必要です。楽でない子育てを楽しむことで楽にしよう、というのが"子育てを楽しもう"というメインテーマの趣旨です。子育てを楽しむことで、成長していく子どもの将来の姿を想像することができるのです。私はこれを"前方視的または未来志向型子育て"と名付けています。

　子どもの幸せを願う立場からすれば、我々の社会にはそれを阻害する事柄があまりに多くあります。子どもの虐待や貧困だけではなく、子育てをサポートする社会的施策が極めて貧弱だということです。

子どもの幸せを願って
── さようなら「子育て相談室」

　相談室開始前の 2008 年（平成 20 年）には「リーマンショック」で世界経済は大混乱、そして開設の翌年の 2011 年（平成 23 年）3 月 11 日には「東日本大震災」が発生し地震・津波による大規模災害と共に東電福島第一原子力発電所の大事故が起こり、いわば「大震災ショック」ともいうべき影響を日本社会にもたらしました。これら二つの「ショック」は現在なお日本人の人心に、また「子育て」においても少なからず影響し続けています。

　乳幼児に対する「虐待」や小中高生の「いじめ」、社会のあらゆる組織にはびこる「体罰」や「パワハラ」がマスメディアに大きく取り上げられるようになったのも、"ショック"がもたらした「不安」と世界的な思潮である「人権意識」の高揚が関係していると思われます。

　特に「児童虐待」については、日本には誇るべき「子どもの人権宣言」である「児童憲章」がありますので、子どもの人権を深く心に刻んで子育てしたいものです。また、「しつけ」は「共感力・想像力」「多様性」をキーワードに、押しつけず、楽しむつもりで子育てしましょう！

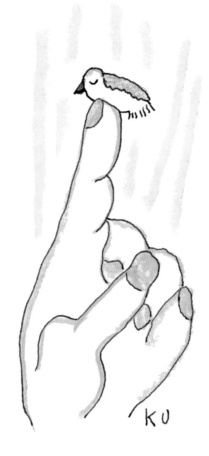

【こどもの日】
　昭和23年（1948年）に公布された祝日法により第一号として制定
された。趣旨は以下の通り。
　　こどもの人格を重んじ、
　　こどもの幸福をはかるとともに、
　　母に感謝する

【児童憲章】昭和26年（1951年）5月5日制定
　われらは、日本国憲法の精神にしたがい、児童に対する正しい観念
を確立し、すべての児童の幸福をはかるために、この憲章を定める。
　3つの基本綱領と12条の本文から成る児童憲章を制定した
　　　児童は、人として尊ばれる。
　　　児童は、社会の一員として重んぜられる。
　　　児童は、よい環境のなかで育てられる。

【世界子供の日】
　昭和29年（1954年）12月14日、国連総会は全ての加盟国に対し
て「世界子供の日」を制定するように勧告。
　国際連合で「児童の権利に関する宣言」（1959年）と「児童の権利
に関する条約」（1989年）が採択された11月20日「世界子供の日」
とすることが勧められた。
　日本では5月5日の「こどもの日」が当てられ、昭和31年（1956年）
に制定された。

おわりに

　私が小児科医になる決心をしたのは、学生時代小児科学の講義の初日、当時未熟児医療で著名な馬場一雄教授が岩波文庫のゲーテの「詩と真実」をかざして「ゲーテは未熟児で生まれたのです」と言われたのがきっかけでした。

　すっかり惚れ込んだ私は、以後インターン時代を含め馬場教授から教わった「子どもは vulnelable group（脆い、弱いグループ）である」という言葉のもとに小児科医を目指すことになりました。

　1970年当時、患者のため、社会と自分自身の変革のために「闘う医師」グループがありました。そして私も「闘う小児科医」の一人になりました。

　以後インターン闘争を始め、森永砒素ミルク事件、太腿四頭筋短縮症（筋短縮症）や未熟児網膜症（未熟網膜症）など子どもに関係する医療問題や、いわゆる学会改善運動に取り組んできました。

　しかし私の一番の関心事は、「乳幼児健康審査のあり方」でした。子どもの健康管理、つまり、子どもの病気の早期発見・早期治療と子どもの成長・発達をいかに確保するかという活動です。当然のことながら私の視野は、「しつけ」という虐待や子どもの貧困問題に向けられることになり、その根底には子どもの「人権擁護」という問題があるとの理解に至りました。

　文章を書くにあたっては、相談室で出会った子ども達や相談者、

そして私の長男の３人と長女の４人の子ども達の育てられ方や育て方をおおいに参考にしました。

　長い間病気の子ども達を主に診てきた私としては、いわゆる正常な子ども達に接する機会が与えられたことは小児科医としての締めくくりとして貴重な経験でした。

　連載終了直後2020年1月、我が国では新型コロナの大流行が始まり、子育ての環境が一変しました。「自粛」によって親子関係が〝密〟になり、子育てにストレスが高まっています。「コロナ禍世代」の誕生です。

　東日本大震災・東電福島第一原発事故はまだ収束してはいません。子ども達の健康が心配です。

　オリンピックどころではないでしょう！

　しかしこんな時だからこそ、知恵を絞って「子育てを楽しもう」ではありませんか！

　〝レッツ　子育て‼〟

　そして９年間「子育て百話」の執筆を支えてくださった「北九州市立 子どもの館」の皆さん、また妻洋子には感謝あるのみです。ありがとう！

　子育ては　易きにあらず　夏まだき

2021年7月23日
　緊急事態宣言下での東京オリンピック開会の日に

　　　　　　　　　　　　　　　　　　　　廣澤　元彦

［著者］廣澤 元彦（ひろさわ もとひこ）

1939年（昭和14年）1月23日	
	山口県小野田市（現山陽小野田市）生まれ
1965年	日本大学医学部卒業
1966年	九州大学医学部小児科学教室入局
1970年4月	北九州市立小倉病院
	（現北九州市立医療センター）小児科入職
2001年8月	悪性リンパ腫発病
2004年	北九州市立医療センター院長就任
2008年	北九州市立医療センター名誉院長就任

子育てを楽しもう

発行日：2021年8月15日
著　者：廣澤　元彦
発行所：(株)南の風社
　　　　〒780-8040　高知市神田東赤坂2607-72
　　　　Tel 088-834-1488　Fax 088-834-5783
　　　　E-mail edit@minaminokaze.co.jp
　　　　http://www.minaminokaze.co.jp